国際理解のために

高橋和夫

(改訂版)国際理解のために('19)
©2019　高橋和夫

装丁・ブックデザイン：畑中　猛

まえがき

　日本が滅びるのではないかとの危機感が本書執筆の動機である。日本人は，あまりにも世界を知らない。これでは世界の中で生きて行けない。心配である。

　といっても，日本人に世界の全てについて教えようというほどの野心を持っているわけではない。まず世界の宗教について，語りたい。しかも，そのほんの一部についてである。もちろん宗教の優劣を論じるためではなく，その宗教を信じている人々と共存する際に有益な知識を提供するためである。それは日本人が国外に出るようになり世界の宗教に触れる機会が増えているからである。また国内に多くの外国生まれの人々を受け入れるようになり，共存のために，宗教に対する理解が不可欠になっているからでもある。といっても扱ったのは，日本人にはなじみが薄いが重要だと思われる三つの宗教である。すなわちユダヤ教，イスラム教そしてゾロアスター教である。ゾロアスター教については，ユダヤ教，キリスト教，イスラム教，そして仏教への影響という面を重視してページを割いた。また，ゾロアスター教徒がインド経済で重要な役割を果たしている事実を紹介したかったからでもある。宗教を語るために歴史を解説した場面も多い。第一部は宗教の解説の顔をした歴史記述でもある。

　本書の第二の狙いは，日本が直面する外交課題についての解説である。解説の中心は領土問題である。領土問題に関しては，日本の立場と対立する国の立場を公平に紹介するように努めた。相手の主張の理解は，その受け入れではない。相手の議論にも耳を傾けなければ，なぜ問題が起こっているのかを理解できないからだ。どちらの主張に説得力を覚えるのかは，読者自身が判断をしていただきたい。副題を本書に付けると「世界の宗教と日本の領土問題」となるだろうか。なお領土の部分

に関しては，川嶋淳司氏と共著の『一瞬でわかる日本と世界の領土問題』(日本文芸社，2011年)に依拠している。経緯を詳しく述べると，領土に関する原稿の執筆を進めていたところ，領土問題の書籍の依頼が来たので，本書の出版の準備にもなると考えて，まずその原稿を日本文芸社から出版した。その内容に，さらに手を入れたのが本書の原稿である。似てはいるが，同じではない。事情を了解くださった日本文芸社に謝意を表したい。

　想定した読者層は高校までの教育で世界史を学んでいない層である。作家の森巣博の言葉を借りれば，「チューサン階級」つまり中学三年生程度の知識の持ち主である。ずいぶんと優秀な中学生を想定してしまったような気もする。

　やさしく書きたい。分かりやすく書きたい。これが執筆での指針であり希望であった。しかし，これは難しかった。教えられたのが本書でも何回か引用した日本聖書協会の『聖書』の訳である。漢字が少なめに使われている。できる限り多くの読者を得たいという布教上の配慮であろうか。表記に関しては，日本語を外国語として学習した読者をも想定したこともあり，漢字にフリガナを振った例が多い。

　なお本書では宗教の創始者とか預言者として崇められている存在を，モーセとかイエスとかムハンマドと呼び捨てにしている。これは宗教に敬意を払っていないからではなく，各宗教間に中立の立場を維持するためである。

　また，理解を助けるために，コラムを章末に加えた。コラムにはチャイハーネという名前を付けた。これはペルシア語で茶店という意味である。チャイハーネで一息も二息もつきながら，国際理解の各駅停車の旅を楽しんでいただきたい。

改訂版出版にあたって

　出版から6年を経て『国際理解のために』の改訂版を用意する機会を与えられた。この機会を活かして図表などの一部を差し替えた。また時代の流れに対応するように加筆・修正を行った。6年の時の流れは，そして読者の多さは，本書の存在の意義を裏書きしたと筆者は判断している。本書と対応する放送大学のラジオ教材と合わせての利用をお願いしたい。

　そのラジオ教材の制作を担当してくださったのは，広川昭ディレクターである。また朗読を担当してくださったのは佐治真規子アナウンサーである。そして音声技術の面では，竹内徳憲氏が熟練の技を発揮して助けてくださった。皆様に，この場を借りて御礼を申し上げる。

　最後に本書の編集を担当してくださったのは，山下龍男さんである。辛抱強く原稿を待ち，迅速に丁寧に本書を編集してくださった。イスラム教徒のシーア派が預言者ムハンマドの正統な後継者としたあがめる人物にアリーがいる。そのアリーの言葉に「最大の勇気とは忍耐である」がある。この言葉を山下さんに捧げたい。

高橋和夫　2018年10月29日（月）
キュロスがバビロンに入城
したとされる記念日に

目次

まえがき　　　　　　　　3

1　ユダヤ教，キリスト教，イスラム教　　13
1．三つの兄弟宗教　　13
2．キリスト教のふるさと　　17
3．イスラム教徒は左利きか？　　18
4．マギな話　　20

2　ユダヤ教　　26
1．キリスト教に先行するユダヤ教　　26
2．シャバト，安息日　　28
3．コシェル，食事の戒律　　32
4．ユダヤ人とは誰か？　　33
5．ユダヤ教徒迫害　　34

3　イスラム教　　38
1．イスラム教の広がり　　38
2．イスラム教はアラブ人のみの宗教ではない　　40
3．ハラームとハラール　　42
4．イスラム信仰の実践　　43
5．イスラム教の将来　　46

4 　光と闇の戦い／ゾロアスター教　51

1．ゾロアスター　51
2．宗教の二要素　53
3．ゾロアスター教の三つの柱　54
4．部族神と普遍神　57
5．普遍神と帝国　58
6．善思，善言，善行　60

5 　ペルシア帝国とユダヤ教徒　64

1．バビロン捕囚　64
2．バビロン紀元前539年　65
3．キュロス「革命」　67
4．バビロニアのユダヤ教徒　70
5．バグダッドのユダヤ教徒　71

6 　「三博士」の贈り物　77

1．本当の贈り物　77
2．ユダヤ教（旧約）聖書の成立　79
3．マルクス主義　82
4．「天国」，ペルシア人の贈り物　83

7 　ゾロアスター教的世界の広がり　88

1．仏と炎　88
2．パールシー　95
3．タタ　98

8 東アジアの国際情勢／日中関係の構造　103

1. パワー・バランスの変化　103
2. 現代の特殊性　107
3. エネルギー　108
4. 中東　110
5. ライバルかパートナーか？　113
6. 「ツキジデスのワナ」　115

9 領土問題とは何か？　120

1. 民族主義　120
2. 宗教　122
3. 資源問題としての領土　123
4. 自然現象　124
5. テクノロジー　124
6. 地球の温暖化　126
7. テクノロジーと民族主義　127

10 なぜ領土問題が起こるのか？　132

1. 民族　132
2. 多民族の住む地域　135
3. 戦争　139
4. 農業資源としての領土　140
5. 漁業資源と領海　141
6. 海底資源　142
7. オスマン帝国　143

11 | 日本の領土問題 　147
1．領土問題　　147
2．領海　　148
3．排他的経済水域　　149
4．メタンハイドレート　　151
5．海底熱水鉱床　　154

12 | 北方領土問題　159
1．何が問題なのか？　　159
2．北方四島の歴史　　160
3．ソ連軍による北方領土占領の背景　　164
4．交渉の経緯　　167
5．ロシアの復活　　169

13 | 竹島問題　174
1．何を争っているのか？　　174
2．日本の認識　　177
3．韓国の認識　　178
4．将来の構図　　180

14 | 尖閣諸島　185
1．何を争っているのか？　　185
2．日本の主張　　187
3．日本から見た尖閣諸島の歴史　　188
4．中国の主張　　190
5．アメリカと周辺国　　192
6．今後の尖閣諸島　　193

15 沖ノ鳥島　198

1．島なのか岩なのか？　198
2．国際法は？　203
3．東京都小笠原村沖ノ鳥島　204

索　引 ……………………………………………… 210

1 | ユダヤ教，キリスト教，イスラム教

《目標＆ポイント》 イスラム教は，ユダヤ教とキリスト教の延長線上に位置している。そのキリスト教はユダヤ教を踏まえて誕生した。つまりユダヤ教，キリスト教，イスラム教は兄弟宗教と見ることができる。
《キーワード》 ユダヤ教，キリスト教，イスラム教，ゾロアスター教

1. 三つの兄弟宗教

　宗教には二種類が存在する。神が多数存在するとするものと，神は一つしか存在しないとするものである。前者にはヤオヨロズの神を信じる日本の神道や，キリスト教の広がる以前の古代ギリシアや古代ローマの宗教がある。後者の代表には，ユダヤ教，キリスト教，イスラム教がある。この章ではユダヤ教，キリスト教，イスラム教の位置関係を紹介したい。

　この三つの宗教の内で一番古いのはユダヤ教である。これは唯一の神とユダヤ教徒の間の契約という考え方の宗教で，ユダヤ教徒は神の教えを守り，神はユダヤ教徒を救うという思想である。人が神の教えを守るためには，人は神の教えを知らねばならない。どうやって人は，神の教えを知るのだろうか。

　それは預言者を通じてである。神は，その言葉を聞く預言者を使わさ

れる。ユダヤ教には多くの預言者が登場する。日本人にも一番なじみのあるのは，モーゼであろうか。聖書によれば，かつてユダヤ人たちは奴隷としてエジプトで苦しんでいた。そのユダヤ人たちを率いて預言者のモーゼがエジプトを脱出した。エジプト軍に追われたユダヤ人たちは紅海に達した。モーゼは紅海を割って道を作りシナイ半島へ渡った。この話は1956年に封切られたチャールトン・ヘストン主演の映画『十戒』でも描かれている。

　このユダヤ教の流れから出てきたのがキリスト教である。およそ2,000年前にユダヤ教徒として生まれたイエスは，自らを神の子と名乗った。それまでのユダヤ教の教えを否定し，自らの教えを信じる者は救われると説いた。その神は，やはり唯一神である。英語では，唯一の神をゴッド(God)と呼ぶ。これはユダヤ教徒の唯一の神と同じである。キリスト教の教えによれば，神と人間との約束はイエス以降，新しい段階に入った。ユダヤ教が教える約束は古くなった。イエス以降の新しい約束の時代に入った。それまでのユダヤ教の教えを伝える聖書は，キリスト教徒からは『旧約聖書』と呼ばれる。古い約束の書という意味である。そしてイエス以降の教えの本は，『新約聖書』と呼ばれる。旧約と新約の「約」は神と人間の契約の約であり，約束の約である。この二つの部分を合わせて聖書とするのがキリスト教的な理解である。もちろんユダヤ教徒はイエスを神の子とは認めていない。聖書はキリスト教徒が旧約と呼ぶものしか認めない。聖書に言及するに当たって新約とか旧約とかの言葉を使うと，それはキリスト教の立場からの言及になる。

　そして今から約1,400年前にアラビア半島でムハンマド(マホメット)がイスラム教を創始した。イスラム（アラビア語に，より忠実ならばイ

スラーム）とは「服従」との意味である。何に服従するのかと言えば神の意思である。それでは神の意思を人はいかにして知るのだろうか。それは神のメッセージをもたらす人である預言者を通じてである。

　イスラム教は単にイスラムとして言及される場合もある。それは原語のアラビア語のイスラムに宗教という意味が含まれているからである。原語に，つまりアラビア語に忠実との発想からイスラムはイスラームと表記される場面が増えた。本書ではイスラムあるいはイスラム教という表記を使う。それは原語主義を否定するからではなく，アラビア語のできる方にはイスラムはイスラームであると理解できるだろうと想像するからである。またアラビア語を知らない方には，イスラムもイスラームも関係ないだろうと考えるからである。より重要なのは，「イスラム」は必ずしも常にイスラームと発音されるわけではないからである。イランなどのペルシア語が母語として使われる社会では，その発音はイスラームよりもエスラームに近く聞こえる。カタカナで外国語を表記する限界を感じる場面である。

　さて，イスラム教は預言者を通じて神の教えを受けるというユダヤ教の伝統に近い考え方である。事実イスラムは，ユダヤ教そしてキリスト教を神の教えを伝えた聖なる宗教として尊重する。違いは，神の一番新しいメッセージがムハンマドによってもたらされたとする認識である。イスラムの視点からは，ユダヤ教，そしてキリスト教の延長線上にムハンマドの教えは位置している。従ってイスラムの神も唯一神である。これをアッラーとアラビア語で呼ぶ。ユダヤ教やキリスト教の神と別のアッラーの神がいるという認識ではない。イスラム教徒もユダヤ教とキリスト教徒と同じ神をあがめている。アッラーとは，アラビア語で唯一

神という意味である。英語のゴッド（God）に当たる。

　この唯一神が人類の発展段階に合わせて預言者を使わしたとの認識がイスラム教にはある。ユダヤ教の預言者は，イスラム教にとっても預言者である。例えばモーゼは，アラビア語ではムーサである。アラブ世界で多い名前である。イスラム教ではイエスは預言者として尊敬されているが，神の子とは見なされていない。ちなみにイエスはアラビア語ではイーサである。イーサという名前のイスラム教徒は少なくない。イーサつまりイエスは，あくまで人間と見なされている。

　ムハンマドが伝えた神のメッセージは，コーラン（アルクルアーン）として知られる。なおムハンマドは自らを最後にして最大の預言者と呼んでいる。それゆえ，ムハンマド以降に預言者が使わされることはイスラム教的には有り得ない。イスラム教は最後にして最新の神の教えと理解されている。

　こうしたユダヤ教，キリスト教，イスラム教の相互関係はイスラム教の視点からは次のページの概念図のようになろう。同じ唯一神を，ユダヤ教徒もキリスト教徒もイスラム教徒も拝んでいるという認識である。繰り返そう。イスラム教徒だけがアッラーの神という違った神を信仰しているわけではない。この三つの宗教は似ている。三つの宗教が共通して聖地として見なす土地が存在するのは，こうした理由からである。例えばエルサレムである。この都市は，ユダヤ教徒にとっても，キリスト教徒にとっても，イスラム教徒にとっても聖地である。

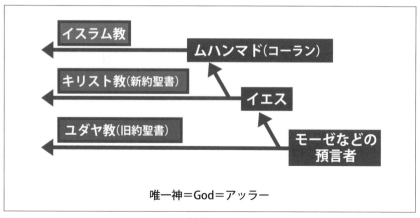

一神教の系譜

2. キリスト教のふるさと

　日本にはキリスト教はヨーロッパやアメリカから伝えられた。それゆえ，何となく日本人はキリスト教が欧米の宗教だと思い込んでいる。確かに人口的に見れば欧米ではキリスト教の信者が，圧倒的な多数を占めている。しかし，キリスト教は中東に起った宗教である。そして現在もキリスト教は生き続けている。現在でも，パレスチナ人の多くはキリスト教徒である。エジプトの人口の約1割は，やはりキリスト教徒である。

　かつて十字軍という運動があった。聖地を異教徒から奪回するという名目でヨーロッパのキリスト教徒が中東を侵略した事件である。しかし，エルサレムを含む聖地では，現在の地名を使えばパレスチナでは，イスラム教徒，ユダヤ教徒そしてキリスト教徒が共存していた。もちろん，そのキリスト教徒はローマを本部とするカトリック教会の信徒ではなかったのだが。

中東現地の感覚から見れば，十字軍はヨーロッパのキリスト教徒が一方的な思い込みと思い上がりで組織した迷惑な存在であった。十字軍はエルサレムを征服した際にはイスラム教徒，ユダヤ教徒，そして現地のキリスト教徒を虐殺した。くるぶしまで血に浸かりながら，ヨーロッパからの「キリスト教徒」は神に勝利を感謝する祈りを捧げたと伝えられている。キリスト教がヨーロッパの宗教であるとの思い込みが生んだ悲劇であった。この史実ゆえに，中東では十字軍というのは，途方も無く否定的な言葉である。アメリカのジョージ・W・ブッシュ大統領が 2001 年のアメリカでの同時多発テロ以降のテロとの戦いを新しい「十字軍」と言及した際には，中東の人々のため息が聞こえそうな気がした。この人は歴史を知らないと。ちなみにアメリカの歴史には二人のブッシュ大統領がいる。親子である。この発言は，息子の方のブッシュの口から出た。

3. イスラム教徒は左利きか？

　それでは，イスラム教が広がる中で，どうしてキリスト教やユダヤ教は生き延びることができたのだろうか。この質問自体が，実はヨーロッパ的な発想である。例えば現在のポルトガルとスペインがあるイベリア半島で，かつてキリスト教徒のレコンキスタという運動があった。これはイスラム教徒の支配下にあったイベリア半島をキリスト教徒が奪い返そうとした運動であった。そして，1492 年イスラム教徒の最後の拠点であったグラナダが陥落してレコンキスタが完成する。その際にキリスト教徒たちが，イベリア半島のイスラム教徒とユダヤ教徒に押し付けた選択は改宗するか追放されるかであった。多くのイスラム教徒やユダヤ教徒が，イベリア半島を逃れて中東・北アフリカ地域へと移動した。当時この地域を支配していたオスマン帝国のスルタンは，イスラム教徒のみならずユダヤ教徒を温かく受け入れた。まじめに働いて税金を払って

くれるユダヤ教徒を宗教の違いを理由に迫害するなどはオスマン帝国のスルタンにしてみれば，狂気の沙汰であった。この当時にスペインから移住したユダヤ教徒の子孫のコミュニティが，現在でもイスタンブールに残っている。15世紀のスペイン語を保存しながら。

　この例のようにヨーロッパのキリスト教徒たちは，自分たちが異教徒に改宗を迫ったり迫害をしたために，イスラム教徒もそうであろうとの偏見を抱いてきた。その偏見を表す言葉が「右手にコーラン，左手に剣」である。この言葉を掲げてイスラム教徒は異教徒にイスラム教への改宗を迫った，とヨーロッパでは語られてきた。それが日本にも輸入された。

　しかし右手にコーランを左手に剣を持っていたとすれば，イスラム教徒は左利きばかりだろうか。この話に嘘っぽさを感じる。この話には変種もあって，それによれば「右手に剣，左手にコーラン」というスローガンが使われる。しかし，これも怪しい。イスラム教徒は左手を不浄の手と見なすので，聖なるコーランを左手で持つとは考えられない。いずれもヨーロッパのキリスト教徒が，自分たちならば，こうであろうとする想像をイスラム教徒に押し付けたに過ぎない。それではイスラム教徒たちは，征服地のキリスト教徒やユダヤ教徒と，どのように接したのであろうか。先に触れたように，イスラム教はユダヤ教とキリスト教を良き宗教として尊重する。イスラム教徒は，征服後も両教徒を聖典の民として保護した。イスラム教が広がり始めた頃には，キリスト教徒とユダヤ教徒にのみ納税の義務があったので，もし両教徒が皆イスラム教に改宗してしまえば，納税者がいなくなる。こうした経済的な理由からも，強制改宗は，なかった。中東にユダヤ教徒とキリスト教が生き続けた背景である。

4. マギな話

　もう一度確認しよう。イスラム教はユダヤ教とキリスト教の延長線上に成立し，キリスト教はユダヤ教の伝統の中から生まれた。三宗教は，イスラムの視点から見れば，兄弟関係にある。

　それでは，この三つの宗教に影響を与えた宗教はないのだろうか。キリスト教に影響を与えた宗教としてゾロアスター教を指摘できる。その証拠は，どこにあるのか。東方の三博士がイエスを拝みに訪れたとの話が伝わっている。キリスト教の『新約聖書』のイエスの伝記の記された「マタイによる福音書」によれば，星に導かれて博士たちがベツレヘムを訪れ，イエスを拝んだという話が残されている。この三人には，かつては博士あるいは賢人との訳語が当てられていた。「博士」とか「賢人」はイギリスの『欽定訳聖書』つまりジェームズ国王版では wise men となっている。欽定とは王様が定めたという意味で，17世紀にイギリス国王のジェームズ一世の時代の英語訳聖書である。名訳との評価が高いので，単に『欽定英訳聖書』と言えば，ジェームズ一世版を指す場合も多い。この wise men の原語は magi である。Magi という言葉もキリスト教徒には広く知られているようである。ニューヨークの庶民の哀歓を描いた作家オー・ヘンリーの手になる『賢者の贈り物』という短編小説がある。その原題は *The Gift of the Magi* である。Magi が賢者の意味で使われている。

　英語 Magi は g を柔らかく読んで，メイジャイと発音される。メイジャイとは何者か。メイジャイとはゾロアスター教の神官を意味している。ペルシア語ではマグと発音する。これがギリシア語に入り，そのギリシ

ア語から英語に入った。ちなみに magi という言葉は英語に入り，魔術とか手品を意味するマジックの語源となっている。古代世界においては先進国ペルシアの宗教であるゾロアスター教の神官は特殊な力を持つ人々として尊敬を集めていたようだ。特に星占いに優れていると考えられていた。星に導かれて東方の三博士が生まれたばかりのイエスを拝みに訪れたという話は象徴的である。三博士を導くのに星以上にふさわしいものはない。

　キリスト教の『新約聖書』の記述を引用しよう。日本聖書協会の1992年出版の『聖書（口語訳）』は以下のように述べている。

　　イエスがヘロデ王の代に，ユダヤのベツレヘムでお生まれになったとき，見よ，東から来た博士たちがエルサレムに着いて言った，「ユダヤ人の王としてお生まれになったかたは，どこにおられますか。私たちは東の方でその星をみたので，そのかたを拝みにきました。」ヘロデ王はこのことを聞いて不安を感じた。エルサレムの人々もみな，同様であった。そこで王は祭司長たちと民の律法学者たちとを全部集めて，キリストはどこに生まれるのかと，彼らに問いただした。彼らは王に言った，「それはユダヤのベツレヘムです。預言者がこうしるしています。『ユダの地，ベツレヘムよ，おまえはユダの君たちの中で，決して最も小さいものではない。お前の中からひとりの君が出て，我が民イスラエルの牧者となるであろう』」。
　　そこで，ヘロデはひそかには博士たちを呼んで，星の現われた時について詳しく聞き，彼らをベツレヘムにつかわして言った，「行って，その幼な子のことを詳しく調べ，見つかったらわたしに知らせてくれ。わたしも拝みに行くから」。彼らは王の言うことを聞いて出かけると，見よ，彼ら

が東方で見た星が，彼らより先に進んで，幼な子のいる所まで行き，その上にとどまった。彼らはその星を見て，非常な喜びにあふれた。そして，家にはいって，母マリアのそばにいる幼な子に会い，ひれ伏して拝み，また，宝の箱をあけて，黄金・乳香(にゅうこう)・没薬(もつやく)などの贈り物をささげた。そして，夢でヘロデのところに帰るなとのみ告げを受けたので，他の道をとおって自分の国へ帰って行った。
(「マタイによる福音書」第2章1節から12節)

東方の博士の言葉が王とエルサレムの人々を不安にさせたという記述からマギの言葉が重く受け止められていたのだろうと想像できる。ゾロアスター教の神官たちは，尊敬を集めていたに違いない。

なお財団法人の日本聖書協会のインターネットのサイトに掲載されている聖書の最新訳は，博士とか賢人ではなく「占星術の学者」としてmagiに言及している。以下に引用しよう。

(「マタイによる福音書」第2章1節)
　イエスは，ヘロデ王の時代にユダヤのベツレヘムでお生まれになった。そのとき，<u>占星術の学者たち</u>が東の方からエルサレムに来て，(下線は筆者による)

しかし口語訳には依然として博士という訳語が残されている。

(「マタイによる福音書」第2章1節)
　イエスがヘロデ王の代に，ユダヤのベツレヘムでお生れになったとき，見よ，東からきた博士たちがエルサレムに着いて言った。

第1章　ユダヤ教，キリスト教，イスラム教　　**23**

ベツレヘムのイエスが生まれた場所に建てられたとされる生誕教会
〔2015年9月　筆者撮影〕

生誕教会にあるイエスを拝む三博士の図
〔2015年9月　筆者撮影〕

　マタイ伝の作者は，キリスト教に対するゾロアスター教の影響を，この話を通じて暗示しているのではないだろうか。それではゾロアスター教のキリスト教への貢献は何か。そして，そもそもゾロアスター教とは，

いかなる宗教なのか。後のテーマとしよう。しかし，その前に，日本ではキリスト教に比べて，なじみの薄いユダヤ教とイスラム教について次章と次々章で紹介しておこう。

年表

1096 年	第一回十字軍
1492 年	グレナダ陥落

演習問題

1．次の音楽家のうちでユダヤ人は誰だろうか。調べてみよう。
　　メンデルスゾーン，ガーシュウィン，バーンスタイン
2．次の映画を鑑賞して，ユダヤ教やキリスト教がどのように描かれているか考えてみよう。
　　『パッション』,『プリンス・オブ・エジプト』,『ベン・ハー』,『十戒』

参考文献

①日本聖書協会『聖書　新共同訳』(日本聖書協会，1987 年)
②井筒俊彦訳　『コーラン』全 3 巻（岩波文庫，1964 年）
③藤本勝次，伴康哉，池田修訳　『コーラン』全 2 巻（中公クラシックス，2002 年）
④三田了一訳『聖クルアーン』(日本ムスリム協会，1982 年)
⑤中田香織訳『タフスィール・アル＝ジャラーライン』全 3 巻
　（日本サウディアラビア協会，2002－06 年，日本ムスリム協会頒布）

チャイ・ハーネ　<u>生誕教会</u>

　ベツレヘムに生誕教会がある。3世紀に最初に建設され，その後に増改築を繰り返してきた建物である。聖地パレスチナで一番古いキリスト教会である。中東情勢が安定していると全世界のキリスト教徒が巡礼に訪れる。ベツレヘムの街も教会も大変な数の人であふれる。中東情勢が不安定だと街も教会も閑散としている。

　その教会内部のイエスが生まれたとされる場所に祭壇があり，その上に「三博士」がイエスを拝む絵が描かれている。23ページの写真を見ていただきたい。現地のガイドによると，この絵が教会を救ったという以下のような話がある。

　7世紀にササン朝ペルシア帝国（224–650）が，パレスチナを征服した。しかし，ササン朝の軍隊は教会を破壊しなかった。なぜならばイエスを拝む「三博士」の絵を見たからである。同じペルシア人のマギつまりゾロアスター教の神官の姿を見たからであった。ゾロアスター教のマギは，イエスを拝んだばかりでなく，その教会を救ったというわけだ。なお後に紹介するように，ササン朝ペルシア帝国はゾロアスター教を国教としていた。

2 | ユダヤ教

《**目標＆ポイント**》 ユダヤ教はキリスト教に先行する一神教である。現代のユダヤ教は，キリスト教やイスラム教と違い宣教の宗教ではない。つまり，他の宗教の信徒をユダヤ教へ改宗させようとはしない。ユダヤ教には，さまざまな戒律がある。どのくらい厳格に戒律を守るかには，個人差がある。
《**キーワード**》 シャバト，安息日，コシェル，ユダヤ人迫害，コーファックス

1. キリスト教に先行するユダヤ教

　キリスト教の『新約聖書』は，ユダヤ教に冷淡であり，批判的であり，時には敵対的である。既に本書で触れたようにキリスト教はユダヤ教の流れの中から生まれた。キリスト教は自らの存在意義をユダヤ教と対照させて強調してきた。しかし，時には敵対的であるキリスト教の『新約聖書』もユダヤ教について重要なことを教えてくれる。それは，ユダヤ教がキリスト教に先行しているという事実である。

　ユダヤ教の伝承によれば，奴隷としてエジプトで生活していたイスラエルの民がモーゼに率いられてエジプトを脱出した。紅海を渡ってシナイ半島のシナイ山でイスラエルの民は神と契約を結んだ。人々はこの神のみを崇拝し，その教えに従う。神は，イスラエルの民を選ばれた民として救済する。イスラエルの民は神によって選ばれたという認識である。これを選民思想と呼ぶ。少なくとも現代のユダヤ教徒には，この教

えを他の人々に伝え，ユダヤ教に改宗させようとの発想は希薄である。世界に宣教師を派遣して信徒を獲得しようとするキリスト教のような活動はしていない。つまりユダヤ教は改宗の宗教ではない。といっても例外が存在しないわけではない。ユダヤ教徒と結婚した非ユダヤ教徒がユダヤ教に改宗する例はある。その他の理由による改宗もある。しかし，こうした例は規則の存在を証明する類(たぐい)の例外である。

　さて，エジプトからの脱出については本書でも紹介したようにキリスト教で『旧約聖書』と呼ばれる書物の「出エジプト記」に叙述されている。紀元前13世紀頃の事件とされる。その真偽については信仰の領域に属する問題である。しかし，どのような人々も自らの祖先が奴隷であったというような話を，わざわざ創作するとは信じがたい。逆ならば，ありそうだが。つまり，かつては自分たちの祖先が偉大であったというような話ならば創作された可能性は高いだろう。例えば平家の落ち武者部落と呼ばれる集落で語り継がれているようにである。つまり現在は貧しいが，かつては自分たちの祖先は都で栄えた平家であったというような話である。こうした集落の中には本当の平氏の落ち武者部落もあれば，そうでないものもあるだろう。しかし自らの祖先が奴隷であったという話の創作は，繰り返しになるが，ありそうもない。となると，かつて祖先がエジプトで奴隷であったというのは，真実であろう。この出エジプトという壮大なドラマで不思議なのは，ユダヤ教徒の脱出の記録がエジプトでは発見されていない点である。古代のイスラエル人にとっての大事件もエジプト帝国にとっては，記録に値するほどの出来事ではなかったのか。それとも記録は存在するが，単に発見されていないだけなのか。はたまた事件は実際には起こっていないのか。

ユダヤ教徒の祖先たちは，シナイ半島から現在のパレスチナの地に入り，国家を建設した。ダビデ王が登場し，その子ソロモンの時代に古代のイスラエル王国は最盛期を迎える。その時代にエルサレムに神殿が建設（第一神殿）された。紀元前10世紀の頃である，と伝えられている。

　その後に古代のイスラエル王国は分裂し，外国の支配を受けた。その結果としてのバビロン捕囚については，そしてアケメネス朝ペルシアによる解放と神殿の再建（第二神殿）については，後の章で触れたい。やがて時は移り，パレスチナはローマ帝国の支配下に入る。ユダヤ教徒はローマに対して反乱を起こす。しかし，これは反乱を起こした側の敗北に終わる。神殿は破壊され，ユダヤ教徒はパレスチナの地から追われた。以降，20世紀に入るまでユダヤ教徒の離散の生活が続く。というのが広く受け入れられている歴史である。異説もある。それによれば，ユダヤ教徒の多数はローマ支配下のパレスチナに残り，その後キリスト教やイスラム教に改宗した。

2. シャバト，安息日

　伝統的な歴史によれば，離散にもかかわらず，ユダヤ教徒たちは自らの信仰を守り，ユダヤ教徒としての意識を保持してきた。このユダヤ教の戒律についての知識は，ユダヤ教徒と付き合って行く上で有益であろう。まず当然のことながら，クリスマスを祝わない。クリスマスは救世主イエスの誕生を祝う祝日であるので，イエスを救世主として受け入れないユダヤ教徒は，この祝日とは関係がない。従ってユダヤ教徒はクリスマス・カードを送らない。またユダヤ教徒にクリスマス・カードを送るのが失礼に当たる場合もあるだろう。この時期には，筆者もユダヤ教徒の友人からカードをいただくが，メリー・クリスマスの言葉はない。

楽しい年末年始と新しい年の幸せを祈ってくださる内容である。しかし，もちろんユダヤ教に対する熱心さには個人差がある。例えばビング・クロスビーなどの歌でヒットしたクリスマスの定番の「ホワイト・クリスマス」を作曲したのはアービング・バーリンというロシア系のユダヤ人である。

　またキリスト教が日曜日を休日としているのに対し，ユダヤ教は土曜日を休日としている。もっと正確には，この休日は，金曜日の日没から始まり，土曜日の日没に終わる。さらに，もっと正確には，この休日は休日ではなく，安息日である。ユダヤ教徒はシャバトと呼ぶ。このシャバトには「労働」をしてはいけない。

　さて安息日にしろ，別の日にしろ，一日は，いつ始まるのか。朝に始まるのが，当たり前だとの感覚は，どうも世界的ではない。キリスト教でもクリスマス・イブは12月24日の夜である。この夜はクリスマスの前夜祭ではなく，クリスマスの中心であり，クライマックスである。筆者自身，中東に生活して，初めて一日が朝ではなく日没と共に始まるという感覚が分かった。というのは日中は暑過ぎて人間は自由に活動できない。それは容赦ない日照の世界であり，人は日陰に身を隠すしかない。日が暮れて初めて，行動の時間が始まるのである。

　付け加えると，ユダヤ教は土曜日を安息日とし，キリスト教は日曜日を休日とした。そして，両者に続いたイスラム教は金曜日を休日とした。イスラム教にとっては，金曜日は集団礼拝の日である。

　さて上で述べたユダヤ教の安息日は，単なる休みではない。労働を止

め，神に祈る日である。ここでは，労働には火を使うこと，乗り物を使うことなどが含まれる。またボタンを押すことも禁じられる。従って事前に安息日のためのパンを焼くなど食事の準備を整えるのが普通である。安息日には，車の運転はおろか，車に乗ること自体が禁止される。

例えばイスラエルの大統領が日本を訪問する場合には，皇居の東側の大手門の前にあるパレスホテルを使うという。安息日に天皇との会見が設定された場合に皇居に車ではなく歩いて行く必要があるからだという。エルサレムの熱心なユダヤ教徒の居住区では，安息日の運転に反対して車に対する投石事件が起こっている。投石は労働ではないのだろう。

ボタンを押すのも労働となると，安息日にはエレベーターのボタンも押せない。筆者自身もエルサレムの高層ホテルに安息日に滞在した経験がある。何台かのエレベーターのうちの一つに乗ると，すべての階のボタンが押してある。ユダヤ教徒が行き先の階のボタンを押すという「労働」をしなくて良いようにとの配慮である。この場合エレベーターの利用自体は「労働」ではないようである。

乗り物の話を続けると，イスラエルのエルアル航空がシャバトに運航するかどうかが，イスラエル国内では長らく論争となってきた。経営的には飛行機をシャバトに休ませるのは痛い。しかし，ユダヤ教的にはシャバトの飛行機の運航は望ましくない。

もう一つシャバトの労働禁止の話をすると，アメリカのコネチカット州選出の上院議員にジョー・リーバーマンがいる。2000年の大統領選挙では民主党の副大統領候補にまでなった大物政治家である。なお，こ

の2000年の大統領選挙では共和党のジョージ・W・ブッシュが接戦の末に大統領となった。

　さてリーバーマン議員は熱心なユダヤ教徒として知られており，土曜日には自宅から議会まで歩いている。もし土曜日に重要な法案の可決があると，投票が難しい。アメリカの上院はボタンで賛否を投票するのだが，前述のようにボタンを押す行為が「労働」にあたるからだ。リーバーマン議員は，そういう場合には非ユダヤ教徒の助手を伴う。賛否を決めると，助手にボタンを押させて，この宗教的な禁止を迂回して投票している。

　最後にシャバトに「労働」を拒否した大リーガーの例を紹介しよう。ロサンジェルス・ドジャースのサンディ・コーファックス投手は，完全試合を含む4回ものノーヒット・ノーランの記録を残した剛速球の左腕投手であった。コーファックスは同時に熱心なユダヤ教徒であった。そ

サンディ・コーファックス投手（1935ー）
〔(c) The Granger Collection/amanaimages〕

れゆえ1965年のワールド・シリーズの初戦には，ドジャースのエースながら登板しなかった。なぜならば，初戦の日がユダヤ教のシャバトの日であったからだ。それも，ユダヤ教の最大の祭日のヨムキップール贖罪の日であったからだ。この「事件」以降アメリカの口語では，「コーファックス」を動詞として使うと，「ユダヤ教徒がシャバトゆえに重要な仕事を拒否する」を意味するようになったという。

3. コシェル，食事の戒律

　ユダヤ教の戒律は食事にも及ぶ。食べて良いものは，コシェルと呼ばれる。英語ではコーシャーと発音される。良く知られている定めに，血を抜いていない肉の禁止がある。また豚肉も食べてはならない。海産物に関しても規制がある。ウロコのついてないものは禁止されている。従ってエビとかカニは禁止である。また乳製品と肉を一緒に食べてはならない。「あなたは子やぎを，その母の乳で煮てはならない」との「出エジプト記」第23章19節（『聖書（口語訳）』日本本聖書協会，1992年，108ページ）の教えがあるからである。従ってハンバーグとチーズを一緒にしたチーズ・バーガーは許されない。日本には親子どんぶりなどという食べ物があるのとは，好対照の禁止事項である。

　以上のような戒律を，当然のことながら厳格に守るユダヤ教徒もいれば，そうでないユダヤ教徒もいる。個人により実践の程度は異なる。ユダヤ教の中にも，いくつかの流れがある。最も厳格に戒律を守っている正統派と呼ばれる人々，そんなには戒律を重視しない改革派とされる人々など，さまざまである。ちなみにユダヤ教の教会堂はシナゴーグと呼ばれる。そしてユダヤ教の指導者はラビと呼ばれる。

4. ユダヤ人とは誰か？

エルサレムの正統派ユダヤ教徒
〔2008年　筆者撮影〕

　ユダヤ人の定義は難しい。「ユダヤ人とはユダヤ教徒のことである」と定義するのは簡単である。しかし自分はユダヤ人ではあるが，ユダヤ教は信じていないという人は少なくない。ユダヤ教は信じていないが，ユダヤ的な生活をしている人もユダヤ人と分類せざるを得ないのだろうか。しかしユダヤ的な生活を定義するのも難しい。日本風に言えば，冠婚葬祭のときだけユダヤ教の儀式に参加する人々もユダヤ人だろうか。つまりユダヤ人とは，ユダヤ教徒と，ユダヤ教は信じていないがユダヤ的な生活をしている人々の両方を指すのだろうか。

　ところで古代のエジプトで奴隷であり，モーゼに率いられた人々をイスラエルの民とかヘブライ人とか呼ぶ。しかしユダヤ教徒ではなかった。なぜならば，ユダヤ教をモーゼを通じた神と選ばれた人々の間の契約というふうに理解すれば，エジプトから脱出した段階では，まだユダヤ教は成立していない。モーゼが十戒を受けるのは，その後にシナイ半島に入ってからである。となるとモーゼに従った民も，まだユダヤ教徒ではあり得ない。まだ存在していない宗教の信徒には，なり得ないからである。これだけ書けば読者は十分に混乱しただろうか。この問題に関しては混乱は普通の状況である。

　ここでは，ユダヤ人の定義問題に，これ以上深入りするのはやめよう。

単に、さまざまな議論があるのだとの認識があれば十分であろう。なお本書では、ユダヤ人とユダヤ教徒を厳密に区別せずに使っている。

5. ユダヤ教徒迫害

　最後にユダヤ教徒に対するヨーロッパでの迫害について一言触れたい。ユダヤ教徒に対する迫害をヨーロッパ史は、繰り返し記録してきた。あるユダヤ教徒の言葉によれば、ヨーロッパはユダヤ教徒の墓場である。この点に関して、よく発せられる問いに、「なぜユダヤ教徒は迫害されるのか」がある。しかし、これは発想が逆ではないだろうか。迫害の被害者であるユダヤ教徒を責めるような問いかけである。問題は、なぜヨーロッパで多数派のキリスト教徒が少数派のユダヤ教徒を迫害したかである。非難されるべきは、キリスト教徒の方であってユダヤ教徒ではない。

　例えばユダヤ教徒は、キリスト教徒が多数派ではない社会でも生活してきた。中東でも、中国でも、あるいはヒンズー教徒が多数派のインドでも生活してきた。次ページに掲げた写真は、古代からユダヤ教徒が生活してきたインドのコーチンのシナゴーグである。しかし、ヨーロッパのキリスト教社会以外では、ユダヤ教徒だけを対象とした大規模な虐殺などといった事件は例がない。あえて言えば、中東でも前の章で触れた十字軍によるユダヤ教徒の、そしてイスラム教徒の、さらには中東に生活してきたキリスト教徒の虐殺という事件はあった。しかし、これは中東の人々の仕業ではなく、ヨーロッパから押しかけてきた集団による犯罪であった。

コーチン(インド)のシナゴーグ(ユダヤ教会)
〔2007年 筆者撮影〕

ユダヤ教徒はヨーロッパ以外では平和裏に他の宗教の信徒と共存してきた。最後に強調しておきたい点である。

年表
紀元前13世紀頃　モーゼの出エジプト(伝)
紀元前10世紀　第一神殿の建設
紀元前538年　バビロン捕囚からの帰還
紀元前515年　第二神殿の完成
紀元後70年　エルサレム陥落と第二神殿の炎上

演習問題

1. ユダヤ教と同じように，他の宗教からの改宗を積極的に求めない宗教には，どのようなものが他にあるだろうか。

2．他の宗教に改宗した人が身近にいれば，その理由を尋ねてみよう。

参考文献

①シュロモー・サンド『ユダヤ人の起源』(武田ランダムハウスジャパン，2010年)
②日本聖書協会『小型聖書　新共同訳』(日本聖書協会，1996年)
③ジークムント・フロイト『モーセと一神教』(ちくま学芸文庫，2003年)

　チャイ・ハーネ　丹下左膳とユダヤ人

　日本人がユダヤ教徒を意識し始めたのは，日露戦争（1904-05）のころであった。ロシア軍の捕虜の中に多くのユダヤ教徒がおり，キリスト教徒と違う日に祈ったりしたので，日本人もユダヤ教の存在に気づかされた。また，日本は国債を海外で販売して戦費を調達していた。ヨーロッパの大国ロシアと戦うアジアの小国の国債の販売は難しかった。日本を助けてくれたのはアメリカのユダヤ教徒の銀行家ジェイコブ・シフであった。その理由は，ロシアのユダヤ教徒弾圧への憤りであった。もう一つの理由は，アメリカが資本の輸出国に転じた頃には，有望な市場は既にヨーロッパの銀行に支配されており，アメリカは新しい市場を開拓する必要があった。それが日本であった。いずれにしろユダヤ教徒の銀行家が日本を戦費の調達の面で助けた。このシフの経営していたクーン・ロブ商会が，その後に合併を重ねリーマン投資銀行となった。2008年に破産して世界を金融危機に陥れた銀行である。

　またアメリカで生活した日本人もユダヤ教徒の存在を意識するようになった。丹下左膳という剣士を生み出した作家に林不忘がいる。片方の目が見えず，しかも片腕を失っている剣士が大活躍する小説である。何度も映画化やテレビ化が行われている。林不忘の本名は長谷川海太郎

(1900-35) である。林不忘の他に牧逸馬と谷譲次という二つのペンネームを使った。つまり三つのペンネームを使い分けた多作の作家であった。この長谷川海太郎は，第一次世界大戦後の一時期をアメリカで過ごしている。その頃の様子を谷譲次の名で「めりけんじゃっぷ」ものとして出版している。その中の一作に『テキサス無宿』(現代教養文庫，1975年) がある。谷の筆はニューヨークの庶民の生活を映し撮っている。そしてユダヤ教徒がキリスト教徒に差別されている様子を「白人でない白人」などの微妙な表現で描いている。この頃のニューヨークで日本人

東京都青梅市にて
〔2012年　筆者撮影〕

がユダヤ教徒について語る時の隠語は九一（くいち）であったようだ。九と一を足すと十になるからである。ジュー Jew とは英語でユダヤ教徒を意味する。かつてバブルの時代に日本の経済に勢いがあった頃には，ビジネスで日本人は，商売上手とされるユダヤ教徒を上回るほどであった。それで「日本人はイレブンだ」と日本語のできるユダヤ教徒が言ったとの冗談を聞いた。11とは10より上だという意味である。日本語のできるアメリカのユダヤ教徒と英語のできる日本人の間でのみ通じる冗談だろうか。

3 | イスラム教

《**目標＆ポイント**》　イスラム世界にはキリスト教などの他の宗教の信者も多い。世界のイスラム教徒の大半はアラブ人ではない。アラブ人が全てイスラム教徒というわけでもない。イスラムは砂漠の宗教ではない。イスラム教徒の生活習慣に配慮する。イスラム教徒のことをムスリムと呼ぶ。
《**キーワード**》　経典（聖典）の民，キュロス大王の知恵，オスマン帝国，ハラール，ハラーム

1. イスラム教の広がり

　7世紀にアラビア半島に生まれたイスラム教は，爆発的な勢いで勢力圏を広げ，東は中国の唐との国境まで，西はフランスにまで達して，ようやく拡大を止めた。

　西欧人が書き，日本に輸入された歴史によれば，イスラム教徒は右手にコーラン，左手に剣を持って，「コーランか，剣か」と，イスラム教への改宗を迫った。ちなみにイスラム教徒をアラビア語ではムスリムと呼ぶ。

　既に強調したようにイスラム教徒は，ユダヤ教徒とキリスト教徒を聖典の民として尊重する。強制改宗は起こらなかった。その結果，イスラム教徒の支配下で多くのユダヤ教徒とキリスト教徒が生活することになる。つまりイスラム世界とは，キリスト教やユダヤ教などの他の宗教の

信徒を包含するシステムであり，その内部はイスラム教一色ではない。パレスチナ，レバノン，イラク，エジプト，チュニジア，モロッコなどのアラブ諸国で，かなりの数のキリスト教徒，ユダヤ教徒などが生活している。つまりアラブ人の全てがイスラム教徒ではない。キリスト教徒のアラブ人もいる。

　当初は少数派であったイスラム教徒たちが急激に大帝国を建設し，それを支配してゆくためには，支配地域の大多数の住民の強い反感を買うわけには行かなかった。住民の信仰を尊重し，財産を保護する必要があった。後の章で触れるようにキュロス大王が，古代アケメネス朝ペルシア帝国を建設した際の知恵がイスラム教徒によって引き継がれた。それは住民の信教の自由と身体財産の安全の保障であった。これは，少数の集団が多数を安定的に統治しようとする際の，唯一の方策である。

　こうした多様な宗教と宗派の信徒を許容し包含するシステムは，最後のイスラム帝国であるオスマン帝国まで引き継がれた。現在の世界の紛争地域の多くが，かつてはオスマン帝国の支配下であった。イラク，パレスチナ，バルカンなどである。そしてオスマン帝国の時代には，こうした地域は比較的に安定していた。少なくとも現在よりは，はるかに平和であった。こうした多宗派，多宗教による共存のシステムを破壊したのは，西欧の衝撃であった。具体的には圧倒的に強力な軍事力による侵略つまり帝国主義であった。これが外側からイスラム世界の枠組みを打ち壊した。もう一つは，民族主義という考え方であった。それぞれの宗派や宗教の信徒が「民族」として独立を主張し始めると，収拾がつかなくなった。多宗派の信徒が共存している地域を，それぞれの民族の土地に，すっきりと分割するのは容易ではないからである。それが，宗派対

立，民族対立，おぞましい民族浄化などの背景となった。民族主義が内側からイスラム世界的な秩序を腐食させた。この民族主義という考え方については，後の領土問題に関する章で解説したい。

2. イスラム教はアラブ人のみの宗教ではない

　軍事的にも政治的にもイスラム世界が明らかに劣勢に立った19世紀以降も，イスラム教は世界に広がり続けた。それはヨーロッパ人たちが建設した鉄道を使ってイスラム教が広がったからである。ヨーロッパ人たちが建造した汽船を使うとメッカへの巡礼が容易になったからである。この傾向は今も続いている。イスラム教は現在ではインターネットを通じて広がっている。右手にコーラン，左手にパソコンそしてスマホの時代がやってきている。イスラム教徒が世界に広がっている。その総数は，世界人口の四分の一つまり15億人を超えているのではと推定されている。

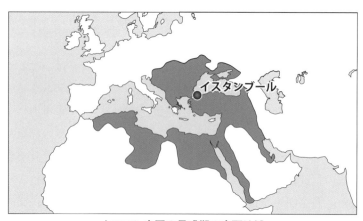

オスマン帝国の最盛期の支配地域

国別でみると，最もイスラム教徒の多い国はインドネシア，パキスタン，インド，バングラデシュなどである。イスラム教の起こったアラブ世界の国々のイスラム教徒の数を上回っている。つまり，イスラム教はアラブ人のみの宗教ではなく，世界の宗教である。

　砂漠の宗教という形容詞も不適当である。そもそもイスラム教はメッカ，メディナなどの都市で発展した宗教であり，「砂漠の」という形容詞は，最初から間違いであった。現在では，もっと不適当になっている。中国の上海では空港にイスラム教徒のレストランがある。アメリカのニューヨークでもイスラム教徒用のレストランがある。そして高層ビルに混じってモスクが存在する。インドネシアやマレーシアでは豊かな緑の風景の中にモスクがある。そして日本にも多くのモスクが建設されるようになった。イスラムは世界の宗教である。

福岡市のモスク
〔2009 年　筆者撮影〕

3. ハラームとハラール

　イスラム教徒は一日5回の礼拝を行う。そのために祈りの場所が必要となる。イスラム教徒を招待する際には配慮したいものである。

　またイスラム教徒は，断食を行う。年に1ヶ月の間，日中は一切の飲食をしない。断食月にイスラム教徒と接する場合は，目の前で飲食をしないなどの配慮が必要である。

　さらにイスラム教徒は，豚肉を口にしない。イスラム教徒と対応する際には，意識しておかねばならない。かつて，ある大学共同利用機関に泊り込みのセミナーに招待された経験がある。夕食の時間に食堂に行って驚いた。豚肉が出されており，他のメニューがない。インドネシアなどからのイスラム教徒の留学生たちは，夕食を食べていない。セミナーを主催した側の無知と配慮の欠如が引き起こした問題であった。豚肉のようにイスラムで禁じられている食物あるいは行為をハラームと呼ぶ。逆に許されているものはハラールと呼ぶ。

　もう一つのハラームは，飲酒である。アルコールの摂取が禁じられている。熱心なイスラム教徒にとっては，洋酒を使ったケーキもハラームである。また製造過程でアルコールを混ぜたしょうゆなどもハラームである。食卓のしょうゆの瓶の成分表示を見て欲しい。中にはアルコールが使われている物もある。となると，しょうゆもハラームとなる場合がある。ハラールとハラームがイスラム教徒とお付き合いする上でのキーワードである。

4. イスラム信仰の実践

　ところで礼拝や断食といった信徒の義務は，どのくらい守られているのだろうか。世論調査で知られるアメリカのピュー研究所のイスラム教徒の実態と認識に関する 2012 年 8 月の報告書が，この問いに光を当ててくれる。いくつかのポイントを紹介しておこう。これは，イスラム教徒が多数派を占める 39 か国で実に 38,000 名を対象にした面談による大規模な調査に基づいている。イスラム教徒の主な義務として以下の五行がある。信仰告白，断食，喜捨，礼拝，巡礼である。その五行について調査は質問している。イスラム教徒の 97％ が，信仰告白（「アッラーつまり唯一神以外に神はなく，ムハンマドは，その預言者である」との証言）をしており，93％ がラマダン月の断食を守っている。73％ が貧者への喜捨を実行しており，63％ が日に 5 回祈っている。また余裕のある信者の義務とされるメッカ巡礼の経験者は，9％ である。こうした数字はイスラム教の求心力を示していよう。

ニューヨーク市の中華のハラール・レストラン
〔2004 年　筆者撮影〕

上海浦東（プードン）空港のハラール・レストラン
〔2012 年　筆者撮影〕

　同時に興味深いのは，国別の習慣の違いである。またイスラム教の多様性に関する認識の相違である。例えば邪視を防ぐ魔除けを保有していると答えたのが，トルコでは 37％，エジプトでは 29％ なのに対し，インドネシアでは 4％ に過ぎない。邪視というのは，妬みの目で見られると不幸になるという認識で，それを防ぐための魔除けがある。例としては邪視を睨み返す目の形をした焼き物であったり，預言者や聖者の名前を指に書いた手の形の金属であったりする。恐らくイスラム以前からの習慣であろう。

　深刻なのは，宗派間の亀裂である。スンニー派のイスラム教徒の多くは，シーア派をイスラム教の一部だとはみなしていない。エジプトでは 53％ がシーア派をイスラム教とはみなしていない。パレスチナでは 40％ が，シーア派をイスラム教とはみなしていない。エジプトにもパレスチナにも，シーア派は，ほとんど存在しない。シーア派の多いレバノンで

第3章 イスラム教

世界のイスラム人口（2009年推計）

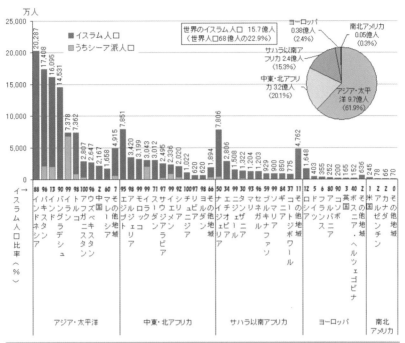

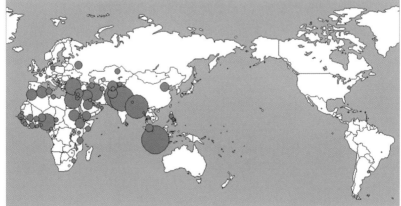

（資料）Pew Forum in Religion & Public Life, MAPPING THE GLOBAL MUSLIM POPULATION, October 2009
http://www2.ttcn.ne.jp/honkawa/9034.html

は，シーア派がイスラム教ではないとする人々は21%に下がる。またシーア派が多数派のイラクでは，この数値は14%にまで低下している。こうしたデータはシーア派の大国イランの影響力の今後の伸張を考える上で示唆に富む数値である。

5. イスラム教の将来

またピュー研究所は，2011年1月に世界のイスラム教徒の人口動態についての報告書を公表した。その報告書によると，2030年にはパキスタンが世界でイスラム教徒の人口の一番多い国になる。同報告書は2010年のイスラム教徒の総人口を16億人と推定している。それが2030年には22億にまで増大すると予想している。同報告書は，2030年の世界の総人口を83億とみているので，世界の4人に1人以上をイスラム教徒が占めるようになる。

現在，世界で一番イスラム教徒の多い国はインドネシアであるが，現在の人口が1億8千万程度のパキスタンが，2030年には2億6千万に近づき，インドネシアを抜いて世界最大のイスラム国家となる。パキスタンは，同時にイスラム国家の中で唯一の核兵器保有国家でもある。

年表
7世紀　アラビア半島にイスラム教が生まれる
1096年 – 1291年　十字軍
1299年 – 1922年　オスマン帝国
1492年　レコンキスタの完了

演習問題

1. 自分の住んでいる場所から一番近いモスクが，どこにあるか調べてみよう。
2. モスクを訪ねて見よう。中をのぞいてみよう。できれば信徒と話してみよう。外国人であれば，どこから来たのか聞いて見よう。日本人であれば，なぜイスラムに改宗したのか尋ねてみよう。

参考文献

①工藤庸子（他）『異文化の交流と共存（'09）』(放送大学教育振興会，2009年)
②三浦徹『イスラーム世界の歴史的展開（'11）』(放送大学教育振興会，2011年)
③鷲見朗子『初歩のアラビア語 '11』(放送大学教育振興会，2011年)
④高橋和夫『現代の国際政治（'13）』(放送大学教育振興会，2013年)
⑤高橋和夫『世界の中の日本（'14）』(放送大学教育振興会，2014年)

　チャイ・ハーネ　<u>アメリカのイスラム教徒</u>

　アメリカとイスラム世界の対立といった構図が良く語られる。しかし，こうした描き方に筆者は賛成しない。というのはアメリカでイスラム教徒が増えているからである。ある面でいえばアメリカはイスラム教徒の国である。

　アメリカのイスラム教徒（ムスリム）に関する議論で，一番問題なのは，その人口である。何人くらいいるのか，定説がない。さまざまな推計がある。先に紹介したピュー研究所は2007年に235万人という推計を出している。これは低い方で700〜800万人という数字も，しばしば

使われる。いずれにしても，イスラムはアメリカにおいて存在感を増している。例えばモスクなどの礼拝施設は全米で1,000箇所を超えている。連邦議会には2017年の数値では二人のムスリムの議員が選ばれている。ムスリムの人口に関しては議論があるが，その人口が増大しているという事実に関しては研究者の間にコンセンサスがある。ムスリム移民の増加，ムスリムの多産傾向，そして他の宗教からの改宗によって，ムスリム人口は増大傾向にある。しばしばイスラムは，アメリカで一番急速に信者を増やしている宗教として語られる。

そのムスリムに関して，ワシントンのピュー研究所が2011年8月に公表した世論調査の結果を紹介したい。調査の重要な結論は，以下の二点である。まずムスリムはアメリカ社会で疎外感を覚えていない。第二に過激派を支持する者は，ほとんどいない。

アメリカのムスリムの63%は外国生まれであり，37%がアメリカ生まれである。移民の出身地は，41%が中東・北アフリカ，26%が南アジア，11%がブラック・アフリカなどとなっている。ヨーロッパからのムスリム移民の7%というのも目を引く。これはボスニアなどの旧ユーゴスラビアからの移民が主体であろう。

ムスリムの多くは宗教を大切にしており，48%が日に5回の礼拝を欠かさず，47%が毎週モスクに通っている。ちなみにアメリカのキリスト教徒の場合は45%が毎週教会に通っている。

ムスリムの大半が，2001年のアメリカ同時多発テロ以降に空港で引き止められたり，不信の目でみられたり，中傷されるなど不愉快な経験を

している。にもかかわらず，8割のムスリムはアメリカでの生活に満足している。

政治的には，政府が大きな役割を果たすべきだとの考えを68％が支持している。一般のアメリカ人の場合は，この数字は42％である。ムスリムの7割が民主党支持であり，共和党支持は1割に過ぎない。また2008年の大統領選挙では9割がオバマに投票した。

国の現状に一般国民の28％しか満足していないのに対し，ムスリムの場合は56％が満足している。そして76％がオバマの仕事ぶりを評価した。

2000年の大統領選挙においてはアメリカのムスリムは共和党のブッシュ候補を支持した。それは民主党のゴアがユダヤ人の影響下にあるとの認識があったからだ。しかし，その後8年間続いたブッシュ政権は，ムスリムの支持を失った。一つにはイラク戦争が，反感を買ったからだ。そして同時多発テロ以降の，全てのムスリムを潜在的なテロリストとして扱うような治安対策に，反発があったからだ。2008年の大統領選挙ではムスリムは，オバマ支持へと振れた。

その2008年の大統領選挙においてはオバマが「隠れムスリム」だとの執拗な噂が流れた。それもあって，オバマは自らがキリスト教徒であると訴えるのに忙しかった。しかし当選後のオバマは，イスラムとの距離を縮めて来た。大統領としてのオバマは，アメリカとイスラムという構図を乗り越えて，アメリカ自身がイスラムを内在しているのだとの議論を展開した。すなわち，文明の衝突という議論の前提を掘り崩そうと

した。就任直後ともいえる時期に，オバマ大統領が行ったイスタンブールやカイロでの演説では，この点が強調された。

もし仮にムスリムの人口が700～800万人であるとの多めの推計を受け入れれば，それはユダヤ人口の550万人を既に上回っている。オバマ政権は数百万との数字を使っていた。いずれにしろ民主主義というのが数の問題であるならば，ムスリムは，やがては政治に大きなインパクトを持つようになるだろう。

この調査は4か月をかけて1,033名のムスリムに対して電話で行われた。英語，アラビア語，ペルシア語，ウルドー語が使われた。

なお，この章で何度も引用したピュー研究所は，内外での多数の世論調査で知られ，自らを独立系の「ファクト・タンク」と規定している。つまり政策を提言するシンク・タンクではなく，政策形成のための議論の基礎となる事実を提供する団体と認識している分けだ。

この国では他の社会以上に変化が激しい。アメリカは常に現在進行形の物語である。その最新の章の一つがアメリカの「イスラム化」という現象である。この現象を継続的に追跡しているピュー研究所の調査が今後も注目される。アメリカのムスリムの動向から目が離せない。

4 | 光と闇の戦い／ゾロアスター教

《目標&ポイント》 ゾロアスター教は，二元論，終末論，救済論を説く。出自や富ではなく，善行の積み重ねによって救済を得られるとの教えは，その他の宗教に大きな影響を与えた。
《キーワード》 アフラ・マズダ，アーリマン，二元論，終末論，救済論，部族神，普遍神，善思・善言・善行

1. ゾロアスター

　ゾロアスター教を創始したのはゾロアスターである。この教祖は，どの時代に生きたのだろうか。この点に関しては，議論がある。紀元前6世紀あたりとする説から，それより以前で紀元前10世紀とする説もある。さらに，まだ昔にさかのぼるという議論もある。

　この議論は不思議である。というのは，一方でゾロアスター教徒の多くが紀元前6世紀説を支持している。他方では，非ゾロアスター教徒の研究者の多数が，それより昔だと推定している。多くの非ゾロアスター教徒の研究者の推定の根拠となっているのは，ゾロアスター教の聖典の言語学的な分析である。そうした研究によれば聖典には，紀元前6世紀より古い時代に使われていた用法が見られる。それも，はるかに古い時代の用法である。

古代の言語に関する素養のない筆者には，こうした説を判断する力は無い。ただ不思議だとの想いを深めるばかりである。なぜならば通常は信者には，自らの教祖を古い時代の人物としたいとの心理が働くのではないだろうか。その方が，自らの宗教の歴史が長くなるからである。会社，大学，国家など，どの組織も創立何周年などと称して古さを競う。古い方が，長い時間を生き抜いた方が，立派であるとの暗黙の認識があるからだろう。それでは，なぜゾロアスター教徒には，その心理が働かないのだろうか。ゾロアスターが紀元前6世紀と比較的に新しい時代の人物と主張するのであろうか。その理由を，ゾロアスターとアケメネス朝ペルシア帝国の誕生を結び付けたいとの意識が働くからであろう，と考える専門家もいる。この大帝国については，後の章で語りたい。

　ゾロアスターの生きた時代について論争があるように，その生地についてもコンセンサスがない。現在の地名で言えば，アフガニスタンを含む広い意味での中央アジア説，イラン説，アゼルバイジャン説などがある。研究者の多数の意見は，どうも中央アジア説に傾いているようだ。

　このゾロアスターという名前であるが，これは英語の表記である。ドイツ語でツァラトゥストラである。ドイツの哲学者のニーチェの著作に『ツァラトゥストラはかく語りき』がある。最近は『ツァラトゥストラはこう言った』と，比較的に取り付きやすそうなタイトルの訳本も出ている。実はペルシア語では，ザルドシュトとかザルトシュトと呼ばれている。あるいは研究者によってはザラトゥシュトゥラとも表記している。ザルドシュトさんが自らの名前をゾロアスターとかツァラトゥストラとか聞くと驚くだろう。しかし，ここでは本人の意向に関わりなく，こちらの都合で日本で比較的良く使われるゾロアスターと呼ぼう。

2. 宗教の二要素

　さて，このゾロアスターは，何を教えたのだろうか。そしてゾロアスターを教祖とするゾロアスター教徒は何を信じて，いかなる生活をしているのだろうか。

　宗教には二つの要素がある。第一に宇宙の空間軸と歴史の時間軸に自らの位置を定めるための枠組みの設定である。これがなければ，人間は無限の宇宙の中で，歴史の中で自分の位置が決められない。

　平たく言えば，人は誰が造ったのか。宇宙は誰が創ったのか。なぜ自分は，ここにいるのか。人はどこから来て，どこへ行くのか。生の意味は何か。死とは何か。死後は，どうなるのか。世界観，宇宙観，歴史観というような言葉で言及される人生理解のための枠組みの提供が宗教の一つの要素である。

　もう一つの要素は生活規範の提供である。日々の生きる指針の提示である。何を食べるべきか。何を食べてはいけないのか。いかに祈るべきか。日に，何回，いつ祈るべきか。婚姻はどうあるべきか，いかに死者を弔(とむら)うべきか。社会における人間関係は，いかにあるべきか，などである。しかし，生活規範だけでは，宗教とはならない。いかに生きるべきかを教えるだけでは，親父の小言であり，よく目にする家訓のようなものに過ぎない。宇宙観を，つまり，いかに生きるかだけではなく，なぜ生きているのかを教えて初めて宗教となるのではないだろうか。

3. ゾロアスター教の三つの柱

　それでは，ゾロアスター教の宇宙観とは何か。この宗教の骨組みは三本の柱で支えられている。第一は二元論である。ゾロアスターによれば，宇宙は善と悪の戦いの舞台として創造された。歴史とは善と悪の戦いである。光と闇の闘争である。善を指導するのは，アフラ・マズダという神である。この神のカタカナの表記に関しては，アフラ・マズダーとかオフルマズドとかもある。ここではアフラ・マズダを使おう。悪の指揮官はアーリマンという悪の霊である。つまり悪魔である。アングラ・マインユとかアフリマンという表記もある。ここでは，アーリマンを使おう。人間は，アフラ・マズダとアーリマンの戦いに参加し，アフラ・マズダの側に立って正義の実現に努めるべきである。

　ここでゾロアスター教は，神と同時に悪魔が存在すると考えている。神を絶対的な存在と考えると，大きな不幸や災害を説明するのが困難に思われる。全知全能の絶対神が存在するならば，なぜ東日本大震災のような災害が起こるのだろうか。なぜ，あれほど多数の無実の人命が失われるのだろうか。なぜ神は，そのようなことを許されるのだろうか。そのような疑問がわく。

　もう一つ例を挙げよう。1939年から1945年の間に戦われた第二次世界大戦中にナチス・ドイツ支配下のヨーロッパ大陸に多数の絶滅（強制）収容所のネットワークが建設され，1,200万人の人々がガス室で殺害された。その半数はユダヤ人であった。ユダヤ人は，これをホロコーストと呼んでいる。なぜ神は，この悲劇を止めなかったのか。収容所で生き延びた人々の間では，自らの生存を神に感謝する人もいる。しかし，同

第4章　光と闇の戦い／ゾロアスター教　｜　55

アウシュビッツ絶滅収容所の門
〔2010年　筆者撮影〕

人々を家畜のように運んだ貨車
〔2010年　筆者撮影〕

時に神はいない。神は死んだ。と神の存在を否定する人々も少なくない。

あるいは1945年の広島や長崎の原爆の犠牲者にしても同様である。

収容施設
〔2010 年　筆者撮影〕

ナチスが撤退前に破壊したガス室
〔2010 年　筆者撮影〕

なぜ，あれほど多数の無実の民間人が，老人や女や子供までもが同時に地獄の火で焼かれなければならなかったのか。神は，なにゆえに，こうした悲劇の発生をお許しになるのか。

神は人の信仰を試しておられる。あるいは人に試練をお与えになった。もちろん神の思いは人の浅はかな知恵を越えており，人には把握が難しい場合も多い，というような理解であろうか。

　しかし，こうした不幸も，ゾロアスター教的には人の知恵でも比較的に簡単に理解が可能である。歴史とは，善と悪，光と闇，アフラ・マズダとアーリマンの闘争であり，アーリマンが，つまり悪魔が存在する以上，災害が発生する。

　しかしゾロアスター教的な歴史観では，永遠に闘争が続くわけではない。いつか終わりが来る。そして全ての死者はよみがえり，最後の審判を受ける。これが終末論であり，二本目の柱である。さらに救世主が現れて，正義の世を開く。そこでは，アフラ・マズダに導かれた人々は天国が約束され，アーリマンに従った人々には永遠の呪いがある。これが救済論であり，第三の柱である。救世主をゾロアスター教ではサオシュヤントと呼ぶ。

　繰り返そう。つまりゾロアスター教的な宇宙観は，歴史が善と悪との戦いであるとの二元論，歴史には終わりが来るとの終末論，そして善行を重ねた者は救われるとの救済論の三本の柱からなっている。

4. 部族神と普遍神

　救われるのは，悪との戦いに参加し善行を重ねた者である。善を選択するのか，悪の道に傾くのか。人生は，個人にとっての決断の場面の連続である。正しい決断が善行を積み重ねる行為につながる。世の終わりに，個人が，それぞれの行為の記録を持って，アフラ・マズダと向かい

合うのである。それまでの宗教は，どの部族，どの血統，どの家族に属しているかが，決定的な重要性を持っていた。ところがゾロアスターは，人間の価値が，生まれではなく，その行為によって決まると説いた。それまでの宗教が部族神を崇（あが）めていたとすれば，ゾロアスター教のアフラ・マズダは普遍神である。ゾロアスターの教えは，特定の人々を対象としているのではない。既存の宗教の枠組みを超える教えであった。これは，全人類に対するメッセージである。

こうした普遍神の出現によって，部族の枠組を超えた巨大な帝国の建設が可能になった。つまりゾロアスター教という多くの民族，部族を統合する力を持った理念の登場を待って，アケメネス朝ペルシア帝国という多民族帝国が生まれた。との歴史解釈が，強い磁力を持って人々を説得してきた。

なお念のために申し添えると，後の章でも見るようにゾロアスター教は一神教ではない。この教えでは，アフラ・マズダと共に多くの神々が存在している。アフラ・マズダは，その最高神であり主神である。

5. 普遍神と帝国

　アケメネス朝ペルシア帝国が誕生したのは，前6世紀である。そして前にも触れたようにゾロアスター教徒によれば，その教祖のゾロアスターが生存していたのも，この時代である。この前6世紀のユーラシア大陸を眺めると，不思議な光景に気がつく。インドでは，釈迦が教えを説いていた。釈迦の生誕の年に関しては議論がある。しかし，おおまかに前6世紀から前5世紀とされている。ゾロアスター教徒の伝承が正しいとするとゾロアスターと釈迦は，およそ同じ時代を生きたこととな

る。さらに驚くべきことには，中国に目をやると，孔子が前551年に生まれ前479年に没している。つまり，前6世紀には，イラン高原ではゾロアスターが，インドでは釈迦が，そして中国では孔子が教えを説いていた。

　それぞれの教えは同じではない。しかし，共通しているのは，いずれもが普遍的な価値を説き，その教えが部族を越え，人種を越え，多くの人々に支持されたという事実である。振り返ると，前6世紀というのは人類が道徳的に大きな飛躍を遂げた世紀だったのだろうか。メソポタミアでインドで中国で起った古代文明は，普遍的な道徳を生み出すまでに成熟度を高めていたのだろうか。そして，普遍的な教えの出現が，普遍的な帝国の成立を精神的に用意した。前6世紀に，まず中東でメソポタミアとエジプトという二つの文明発祥の地を包含するアケメネス朝ペルシア帝国が成立した。そしてインドではマウリア朝が前317年に成立した。この国は，やがては仏法を統治の原理に掲げるようになる。中国では，秦の中国統一が前221年に完成している。

　この前6世紀に人類が道徳的に上昇したという視点から見ると，ゾロアスター，釈迦，孔子が，ほぼ同時代人であるというのは，偶然ではない。それは文明の進歩の過程における必然であった。

　大帝国の成立を，こうした普遍的な世界観の誕生から説明しようとする視点に立てば，ゾロアスターの誕生は前6世紀でなければ都合が悪い。ゾロアスター教徒が，その教祖の生存の時期をアケメネス朝ペルシア帝国の誕生から余り離れていない時期に想定している心理的な背景だろうか。

だが仮にゾロアスターの生存の時期を前1000年以前という比較的に古い時期だと想定しても，少なくとも前6世紀頃には中国で孔子がインドで釈迦が生きていたという事実は動かない。同時に複数の偉大な人物がユーラシア大陸に現れたのは，偶然だろうか。それとも人類の発展の過程における必然だったのだろうか。そして少なくとも，この時期において人類は，普遍的な考えを受け入れるようになっていた。

6. 善思，善言，善行

　ゾロアスター教の宇宙観について述べた。それでは，宗教の他の要素である生活規範については，この宗教は，何を教えているのだろうか。祈りの形式として特徴的なのは，火の神聖視である。火は汚れを清める力を持っている。祈る際には，特に僧侶は火を息で汚さないために布で口をおおう。ササン朝の時代には永遠の火を燃やす寺院が多く建設された。火を燃やし続けるために多量の薪を必要とした。乾燥地帯では，これは重い負担である。

　ゾロアスター教徒は火をつければ薪を使わなくても燃え続ける場所に神殿を建設した。つまり天然ガスが自噴している場所である。多くの場合，天然ガスは石油と一緒に発見される。すなわち天然ガスが自噴している場所ならば，石油が存在する可能性が高い。ということは，ゾロアスター教徒の神殿のあった場所には天然ガスがあり，石油がある可能性が高い。イランで最初に石油が発見されたマスジェッデ・スレイマーンは，ゾロアスター教の神殿のあった土地である。ソロモンの宮という意味である。この場所は，イスラム教徒の侵入以前はマスジェデ・クロシュと呼ばれていた。クロシュは，ペルシア語でキュロスである。クロシュ

第 4 章　光と闇の戦い／ゾロアスター教　｜　61

の宮は，つまりキュロス大王の神殿という意味であった。このゾロアスター教と石油の関連を意識してであろうか。19 世紀末に世界で最初に建造されたタンカーには「ゾロアスター」という船名が付けられた。その船主は，ノーベル賞で有名なノーベルの兄弟だった。石油へと話が流れしまった。本筋に戻ろう。

　もう一例，ゾロアスター教徒の生活規範を紹介しよう。それは一日 5 回の礼拝である。イスラム教も一日 5 回の礼拝を求めている。偶然だろうか。最後にゾロアスター教徒の信条を紹介しよう。それは，善思，善言，善行である。良い言葉だけでは十分ではない。それは，良い行為を伴わなければならない。また良い行為と言葉だけでも十分ではない。良い心に基づいていなければならない。正しい考え・正しい言葉・正しい行為，これが善思・善言・善行である。その具体的な現れの一つは，真実を語るという命題である。嘘は許されない。嘘はアーリマンの所業である。この宗教的な規範に基づいた正直さは，ゾロアスター教徒の商売の相手を安心させたであろう。信用は商売における最大の資本である。ゾロアスター教徒の経済的な成功の背景要因の一つであったのだろうか。その経済的な成功については後の章で説明したい。

年表	
前 551 年	孔子生まれる
前 550 年	アケメネス朝ペルシア帝国の成立
前 317 年	マウリア朝の成立
前 221 年	秦の中国統一
1939 年－45 年	第二次世界大戦
1945 年	広島，長崎への原爆投下
2011 年	東日本大震災

演習問題

1. 2011年3月11日の東日本大震災によって多くの無実の人々が犠牲になった事実を，宗教的には，どう説明できるだろうか。牧師，神父，神主，僧侶など身近な人にうかがってみよう。
2. 絶滅収容所や原子爆弾を生き抜いた人の著書を読んでみよう。悲惨な体験は，人の宗教心を深めるだろうか。あるいは逆だろうか。

参考文献

①青木健『ゾロアスター教』(講談社，2008年)
②伊藤義教『アヴェスター』(筑摩書房，2012年)
③前田耕作『宗祖ゾロアスター』(筑摩書房，2003年)
④P.R. ハーツ著，奥西峻介訳『ゾロアスター教』(青土社，2011年)
⑤メアリー・ボイス著，山本由美子訳『ゾロアスター教三五〇〇年の歴史』(講談社，2010年)

 チャイ・ハーネ　紀元前後

　古代史の面倒さの一つは，年代の表記である。今からおよそ2,000年を紀元とし，それ以降は，新しくなれば年数が増える。古くなれば，年数が減る。しかし，その約2,000年前の紀元より古くなると，新しい方が年数が少なく，古い方が年数が多くなる。従って，例えばアケメネス朝ペルシア帝国の成立は紀元前550年で，滅亡は紀元前330年である。つまり，当たり前ながら数の多い紀元前550年の方が先に起こり，紀元前330年の方が後である。この紀元は，イエスの誕生した年としてキリスト教徒が作成した暦に基づいている。英語では紀元前をB.C.と，紀元

後を A.D.と記述する。B.C.は Before Christ の略で，キリスト以前という意味である。キリストとは救世主を意味する。紀元後の A.D.の方はラテン語の anno Domini の略である。「主の年の」という意味である。良く考えてみるとキリスト教徒以外が，この年号を使うのは奇妙でもある。実際にイスラム教徒は独自の暦を使う。

　しかし，その後の研究の進歩によってイエスが生まれた年は実際には紀元 1 年ではなかったと考えられるようになった。また広く使われていて定着していることもあって，日本でも西暦として利用されている。一部では B.C.を Before the Common Era とか Before the Current Era と読み替えて宗教色を抜く動きもある。いずれも「現代に入る以前の」という意味である。AD に関しては，A.C.との言葉で置き換えられる。After the Current Era とか After the Common Era とかの略で「現代に入ってから」程度の意味であろうか。

　また A を省いて，C.E.すなわち the Current Era とか the Common Era の略として使う例もある。つまり B.C.を B.C.E.に A.D.を C.E.と置き換えているわけだ。本書では，紀元前，紀元後，あるいは前，後何年というような使い方をしている。筆者の気持としては，宗教的な意識を抜いて使っている。

5 | ペルシア帝国とユダヤ教徒

《**目標＆ポイント**》　アケメネス朝ペルシア帝国の創始者キュロス大王は，大帝国の統治において被征服者への寛容という革命的な手法を採用した。支配下の人々の信仰の自由や大幅な自治を保障した。この手法は，その後にイスラム教徒たちによって引き継がれることになる。
　バビロンに囚われていたユダヤ教徒たちも，キュロスの寛容な政策の恩恵を受けた。帰国を許されたユダヤ教徒がエルサレムに戻りユダヤ教の神殿を再建した。またバビロンに残った者も多く，その後のイラクにおけるユダヤ教徒の繁栄の礎(いしづえ)を築いた。アケメネス朝の支配下で広がっていたゾロアスター教が，ユダヤ教に大きな影響を与えた。
《**キーワード**》　キュロス大王，キュロス革命，バビロン捕囚，ユダヤ教徒の解放，バビロンのユダヤ教徒

1. バビロン捕囚

　序章の末尾で，ゾロアスター教がユダヤ教，キリスト教，イスラム教に影響を与えたと述べた。その後の章で簡単ながらも，ユダヤ教，イスラム教，ゾロアスター教を紹介した。それでは，いつ，どこでゾロアスター教は，ユダヤ教，キリスト教，イスラム教に影響を与えたのであろうか。また，その影響とは，どのような内容のものであったのだろうか。いつ，どこでゾロアスター教が影響を与えたのだろうかという問いへの答えを本章の課題とし，影響とは，実際には，どのようなものであったのかとの問いへの答えを次章の課題としよう。

序章で述べたが，ユダヤ教は，キリスト教に影響を与えている。キリスト教は，ユダヤ教の伝統の中で生まれた。そしてイスラム教が，ユダヤ教とキリスト教の伝統の上に成立した点についても序章で強調した。ということは，ゾロアスター教のユダヤ教，キリスト教，イスラム教への影響を示すためには，ユダヤ教への影響を示せば足りる。他の二宗教はユダヤ教の影響を受けているからである。それでは，どこでユダヤ教はゾロアスター教の影響を受けたのだろうか。

2. バビロン紀元前 539 年

　ゾロアスター教徒とユダヤ教徒は紀元前 6 世紀のバビロンで出会った。当時ユダヤ教徒たちはバビロンに囚われていた。そのいきさつは以下のようであった。

　新バビロニア王国（前 625－539）のネブカドネザル 2 世（前 605－562）は，エルサレムを攻略し住民をバビロンへと強制移住させた。紀元前 586 年のことであった。古代オリエントでは，人々の強制移住は珍しくなかった。ユダヤ人のバビロン捕囚は，そうした例の一つであった。ユダヤ教の聖書（『旧約聖書』），詩篇の 137 篇の第 1 節は語る。「われらはバビロンの川のほとりにすわり，シオンを思い出して涙を流した。」『聖書（口語訳）』（日本聖書協会, 1992 年, 878 ページ）

　ユダヤ教徒の囚われていたバビロンを，紀元前 539 年に，アケメネス朝ペルシア帝国のキュロス大王が攻略した。そして，バビロンで囚われていたユダヤ人たちを解放した。

　この解放に関しては，『旧約聖書』が証言している。日本聖書協会の

1992年出版の『聖書（口語訳）』から，もう一度引用しておこう。

「ペルシア王クロスはこのように言う，天の神，主は地上の国々をことごとくわたしに下さって，主の宮をユダにあるエルサレムに建てることをわたしに命じられた。あなたがたのうち，その民である者は皆その神の助けを得て，ユダにあるエルサレムに上って行き，イスラエルの神，主の宮を復興せよ。彼はエルサレムにいます神である。」
(「エズラ記」第1章第2-3節, 651ページ)

クロスとはキュロスのことである。古代の言語の研究が進み，古代のペルシア人はキュロスではなく，どうもクロシュと発音していたと研究者たちは考えるようになった。聖書のクロスとの訳語は，こうした最新の言語学研究の成果を踏まえたものであろう。ここではキュロスという良く知られた名前を使おう。

計算してみるとネブカドネザルのエルサレム攻略から，キュロスのバビロン攻略の翌年までの期間は48年間である。この期間がバビロン捕囚として知られる。

さて聖書の記述を裏付ける発見が1879年にあった。バビロン陥落の翌年，つまり前538年に作られた円筒印章が，イラクで発掘された。これはキュロス円筒印章として知られる。ユダヤ教徒への直接の言及はないものの，人々の信仰の自由を保証する内容のキュロスの勅令つまり王様の命令である。世界最初の人権に関する宣言として知られ，実物がロンドンの大英博物館に，そしてコピーがニューヨークの国連本部に展示されている。次ページの写真を参照されたい。

この円筒印章を証拠としてイラン人は，自由と人権を重んじる概念を生んだのは自分たちの祖先であると主張する。自由という概念は，古代ギリシアの都市で花開いたとされる。しかし，それは奴隷制度の上に立脚した一部の市民による民主主義であり自由にすぎなかった。古代アケメネス朝ペルシア帝国は，より多くの人々に信仰の自由を保証していた。キュロス円筒印章は，現代のイラン人の自負と誇りの源泉の一つである。

キュロス大王の円筒印章
〔(c) Science Source/amanaimages〕

3. キュロス「革命」

　ユダヤ教徒を解放したキュロスと，そのアケメネス朝ペルシア帝国について語りたい。なぜならば，この人物の統治の手法が，その後の中東に大きな影響を与えているからである。また，この帝国の支配下で広がっていたゾロアスター教が，繰り返しになるがユダヤ教に影響を与えているからである。既に述べたようにアケメネス朝ペルシア帝国は，紀元前550年にキュロス大王（在位　前550-530）によって建てられた。三代目のダリウス大王（在位　前522-486）の時代に同帝国は，最大領域に達した。現在の地名でいえば東はインドから西はエジプトやトルコ，北は中央アジアから南はスーダンまでを支配した。地中海からインダス川にまで及ぶ広大な帝国は，今風に言えば超大国であった。その支配地域の地図を現代の超大国アメリカの地図と重ねると，ほぼ同じ広さなのが興味深い。

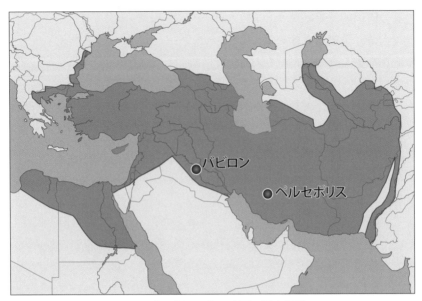

アケメネス朝ペルシア帝国の最大領域

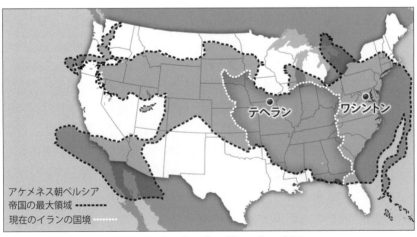

アケメネス朝ペルシア
帝国の最大領域 --------
現在のイランの国境 ....

アメリカとアケメネス朝ペルシア帝国

この帝国の偉大さは，これだけの地域を征服した軍事力のみにあるのではない。その優れた統治の方法に注目すべきである。その一つは，被征服民の安全を保障し，その財産を保全し，しかも信仰の自由を保護した点にある。これは，それまでの帝国の統治方法とは明らかに違っていた。それまでオリエントつまり現在の中東を中心とした地域の大国は，被征服民の虐殺と奴隷化を常としていた。ロンドンの大英博物館やバグダッドのイラク国立博物館に陳列されているアッシリア王国やバビロニア王国の壁画には，征服され鎖につながれる人々の図柄が繰り返し描かれている。いずれもアケメネス朝ペルシア帝国以前に栄え，そして滅んだ帝国である。

　敗北が死と奴隷化を意味するのであれば，人々は必死で抵抗する。そして，征服されても反乱に立ち上がる。それまでの帝国の統治が長続きしなかった背景であった。

　ところがキュロス大王は，被征服者の生活を保護した。基本的には税金を納め，兵隊を提供すれば，他は自由であった。どんな宗教を信仰しようが，ペルシア人は文句を言わなかった。自分たちの信仰を押し付けようとはしなかった。

　これは革命的な統治の手法であった。服属しても自らの生活が守れるならば，強大なペルシア帝国の軍隊と勝ち目の薄い対決を選ぶ必要はない。ペルシア人の支配を受け入れ税金を支払い，求められた際に兵士を提供する方が，はるかに安全である。しかも，広大な同帝国の一部になれば，巨大な市場が開かれる。商業に従事する人たちは魅力を感じただろう。これは，現在のEU（欧州連合）の拡大を想起させる。EUは征

服によって拡大してきたのではない。EUの周辺諸国が加盟を求めたことで大きくなってきた。武力による征服ではなく魅力による拡大である。EUに入ることが経済的な繁栄につながると信じる諸国が続々と加盟し，また加盟を申請してきた。

アケメネス朝ペルシア帝国の拡大においても，同じようなメカニズムが働いたのではないかと想像される。まさにキュロスは広大な帝国の統治の手法において「革命」を起こした。

このキュロスの知恵は，つまり自らの宗教を服属民に押し付けないという方針は，その後の中東の支配者によっても受け継がれて行く。例えばイスラム教の預言者ムハンマドと後継者たちは，キリスト教徒やユダヤ教徒の信仰を尊重しつつ支配地域を拡大した。またオスマン帝国（1299－1922）も同様であった。各宗派は大幅な自治を認められていた。

バビロン攻略後のユダヤ教徒の解放は，キュロスの寛容な政策を当時のオリエント世界に劇的な形で知らしめたことであろう。

4. バビロニアのユダヤ教徒

キュロスの勅令を受け，多くのユダヤ教徒が帰郷し，神殿の再建に着手し，ついに前515年に再建工事を完成させた。これがエルサレムの第二神殿である。しかし，同時に帰郷しなかったユダヤ教徒も多かった。当時の世界最大の都市の一つであったバビロンの魅力は強い磁力でユダヤ教徒を引き止めたであろう。バビロンはパレスチナと並ぶユダヤ教徒の生活の中心であった。そしてユダヤ教の歴史で大きな役割を果たした。

その後に前330年にマケドニアのアレキサンダー大王（前356-323）によってアケメネス朝が倒される。しかし，イラン系の人々は，もう一度大帝国を再建した。パルチア（前248-後226）である。そしてパルチアが倒れても，三度目のペルシア人の大帝国が建設された。ササン朝ペルシア帝国(226-642)である。アケメネス朝の支配下でゾロアスター教徒が増えたことが知られている。そしてパルチアの後のササン朝ペルシア帝国はゾロアスター教を国教とした。従って，アケメネス朝，パルチア，ササン朝と続くイラン系の王朝の流れの中で，バビロンとパレスチナのユダヤ教徒は，ゾロアスター教の影響力の強い帝国の臣民であった期間が長かった。ユダヤ教にペルシアの影響が，その支配者の宗教であるゾロアスターの影響が及ばなかったと想像するのは困難である。ゾロアスター教がユダヤ教に影響を与えた歴史的な背景である。それでは，具体的には，どのような影響を与えたのか。それを次の章の課題としよう。しかし，次の章に映る前に，バビロンのユダヤ教徒たちの歴史を語っておこう。

5. バグダッドのユダヤ教徒

その後，バビロンが廃れ，イラクの中心としてバグダッドが発展する。またササン朝の滅亡以来，ゾロアスター教徒の影響力は低下し，新たに中東の支配者となったイスラム教徒の支配が地域全体をおおうようになった。支配者は変わったが，ユダヤ教徒たちはバグダッドに移り，ここでも繁栄を楽しんだ。20世紀に入りイスラエルが成立するまでは，イラクのユダヤ教徒はイスラム教徒やキリスト教徒と平和に共存していた。20世紀の始めのバグダッドの人口の三分の一はユダヤ教徒であったと考えられている。今となっては，想像するのも困難な事実である。

1948年にイスラエルが成立するとユダヤ教徒がイラクを含むアラブ世界から同国へ移民した。イスラエルには数十万のイラク系の市民がいる。逆にイラクのユダヤ人社会は，ほぼ消滅した。

　しかし消滅前のバグダッドのユダヤ教徒の一部はインドのムンバイへ拠点を移し，ここからイギリス帝国主義の拡大に乗じて中国へと進出した。上海に拠点を置き，財を成したサッスーン一族（沙遜家族）などが良く知られている。上海には今でもサッスーン一族の建設した巨大なサッスーン・ハウス（和平飯店）が現存している。

サッスーン・ハウス
〔2018年5月　筆者撮影〕

また同じくバグダッドにルーツを持つユダヤ教徒で，最初はサッスーンの下で働き，それ以上の経済的な成功を収めたカドーリ一族（嘉道理家族）もいる。カドーリ一族は，香港の超豪華ホテルであるペニンシュラ・ホテル（半島酒店）の経営で知られる。21 世紀に入ってからは東京の有楽町にもペニンシュラ・ホテルを開業した。バビロンのユダヤ教徒の子孫たちの足跡は世界をおおっている。

有楽町のペニンシュラ・ホテル
〔東京都千代田区　2012 年　筆者撮影〕

年表

前625年－前539年	新バビロニア王国
前605年－前562年	ネブカドネザル2世
前586年－前538年	バビロン捕囚
前550年	アケメネス朝ペルシア帝国の建国
前539年	バビロンの陥落
前538年	キュロス大王のユダヤ教徒解放
前515年	エルサレムの第二神殿の完成
前356-323年	アレキサンダー大王
前330年	アケメネス朝の滅亡
前248年－後226年	パルチア
後226年－642年	ササン朝ペルシア帝国
1879年	キュロス円筒印章の発見
1948年	イスラエル成立
1937－2006年	サダム・フセイン
2003年	イラク戦争の開始

演習問題

1．歴史上の大帝国の中で最も長く続いたのは，どの国だろうか。年表などで調べてみよう。また長く続いた理由を考えてみよう。
2．次のアメリカの国務長官のうちで名前（ファースト・ネーム）がキュロスなのは，誰か。オルブライト，キッシンジャー，パウエル，クリントン，バンス

バビロンの遺跡に再建されたイシュタル門
〔(c) Rasool Ali Abulaamah/amanaimages〕

参考文献

①平山郁夫（編集）『栄光のペルシア』(山川出版社, 2010 年)
②森茂男『イランとイスラム―文化と伝統を知る』(春風社, 2010 年)

 チャイ・ハーネ　<u>バビロンの思い出</u>

　2002 年イラク政府の招待で同国を訪問した。2003 年のアメリカによるイラク戦争開始の前年であった。イラク情報相に面談する機会があった。何を見たいかというので，バビロンと答えた。直ぐにバビロン訪問を実現してくれた。

　バビロンはイラクの首都バグダッドの南約 80 キロメートルの地点にある。情報省の黒塗りの車なら 1 時間である。他の車がおびえて道を空

けてくれる。現地ではガイドの丁寧な説明を受けた。発掘された古代の大通りを歩いた。「この道を捕らわれのユダヤ人も，キュロス大王も，アレキサンダー大王も歩いたのです。想像してご覧なさい」，となかなか心に残る説明であった。

　アメリカによる攻撃によって権力を失うまでイラクの独裁者であったサダム・フセイン（1937-2006）は，バビロンを始めイラク各地の遺跡の発掘と「再建」を進めた。というのはイラクの過去の栄光を自らの野心の正当化に利用するためであった。バビロンに建設されたネブカドネザル二世時代のイシュタル門などが，その代表例であった。考古学的には根拠の薄い「再建」とされている。古代のイスラエルを征服したネブカドネザル二世は，現代のイスラエルと敵対していたフセインにはモデルとするにふさわしい人物であった。

　捕らわれのユダヤ人たちは約半世紀をバビロンで過ごした。筆者は，わずか2時間ほどのタイム・スリップを楽しんでバビロンを後にした。

6 │「三博士」の贈り物

《**目標＆ポイント**》 ゾロアスター教が，ユダヤ教，キリスト教，イスラム教に影響を与えた。その具体例として，二元論，終末論，救済論，そして天国や地獄の概念が上げられる。
《**キーワード**》 サオシュヤント，メシア，メサイア，マフディー

1. 本当の贈り物

「そして，家にはいって，母マリアのそばにいる幼な子に会い，ひれ伏して拝み，また，宝の箱をあけて，黄金・乳香(にゅうこう)・没薬(もつやく)などの贈り物をささげた。そして，夢でヘロデのところに帰るなとのみ告げを受けたので，他の道をとおって自分の国へ帰って行った。」『聖書（口語訳）』（日本聖書協会，1992年，2ページ）

前にも紹介した「マタイによる福音書」第2章11節と12節である。このあたりの記述からマタイはゾロアスター教のキリスト教への影響を示唆しているのではないかとの議論を第1章で紹介した。それでは具体的には，どのような影響を与えているのだろうか。

それはゾロアスター教の三本の柱である二元論，終末論，救済論である。そして，それに付随する天国や地獄の概念である。黄金・乳香・没薬に，ゾロアスター教の世界観を支える三つの宝を象徴させているのだろ

う。というのが筆者の解釈である。拡大解釈かも知れない。乳香と没薬は，アラビア半島南部などに生息する樹木の樹脂である。香料や防腐剤や医薬品として用いられてきた。古代においては，いずれも高価な貴重品であった。乳香は，その名の通り，白い乳を固めたような物質である。燃やすと煙と共に芳香が立ち上る。現在でもキリスト教会の儀式の際に燃やされる。またアラビア半島諸国ではパーティーの際に焚かれたり燃やされたりする。古来から中東の人々は香を楽しむ伝統をいつくしんできた。日本の貴族たちも，かつて香道という遊びを楽しんだ。これは，香料を焚き，その匂いで香料の種類を当てるのを競う。利き酒を思わせる。贅沢かつ優雅な遊びである。この習慣と重なるような文化である。

さてキリスト教の立場は，異教徒であるゾロアスター教徒の神官たちがイエスを拝みに訪れたという事実を重要視しているようだ。そして黄金はイエスの王権を，乳香は神聖を，没薬は受難（死）を象徴しているとの解釈もある。

さて，この二元論的な世界観，終末論，救済論という考え方は，キリスト教，イスラム教にも共通している。また両者に先行するユダヤ教においてもそうである。人は，正と悪，光明と暗黒，神の道とサタンの道の選択を迫られる。

そして，世の終わりが来る。その時に救済者が現れる。死者は生き返り，裁判にかけられる。正義の道を歩んだ者には天国の門が開かれ永遠の生命が与えられる。サタンの道を選んだ者には地獄が待っている。救済者は，キリスト教ではメシア（メサイア）であり，イスラム教ではマフディーと呼ばれる。この救済者はゾロアスター教ではサオシュヤント

と呼ばれる。このサオシュヤントの思想が，メシアになりマフディーとなったのだろうと推測されている。

　念のために，もっと厳密に述べればゾロアスター教は，ユダヤ教，キリスト教，そしてイスラム教に二元論的な要素を与えた。しかしながら，この三宗教は絶対神を想定しており，二元論ではない。

2. ユダヤ教（旧約）聖書の成立

　『旧約聖書』には，古代のメソポタミアに伝わる多くのストーリーと共通点がある。例えばノアの箱舟の話である。大洪水を起こして，神は正義の人であったノアと，その一族を救い，神の教えから外れた他の人間たちをおぼれさせた。ノアの一族のみは，大きな船を造り難を逃れた。実は，これと同様の話が聖書以外にも中東には伝わっている。比較的に良く知られているのが『ギルガメシュ神話』である。この物語の中に大洪水を大きな船で生き延びる話が残されている。

　またモーゼがユダヤ人の捨て子であったという話もそうである。聖書によれば，ユダヤ人の母親が流した赤子が，ナイル河畔で水遊びをしていたエジプトの王女のところに流れ着き，王女は赤子を自分の子供として育てた。中東には，捨て子にされた王家の血を引く子供が庶民の子として育てられるが，やがて自らの本当の出自を発見し，王の位に就くという話は珍しくない。アッカドのサルゴン大王はユーフラテス河に流され庭師に育てられる。本書で何度も登場したキュロス大王の幼年期についても同じような伝説が伝わっている。

　もっともモーゼの場合は，逆のパターンではある。つまり奴隷のユダ

ヤ人の子供が王家の人間として育てられ，やがて本当の血筋を発見するというストーリーである。しかし，捨て子との過程を通じて，主人公の見かけ上の出自とは違う血筋を主張するという流れは同じである。

こうした内容の分析などに基づき，ユダヤ教聖書の主要な部分が成立したのは，実はユダヤ教徒がバビロン捕囚を終えて以降の時期ではないかとの解釈が有力なようである。

またイスラエルによるエルサレムでの大規模な発掘にもかかわらず，聖書に記述のあるソロモン王の大宮殿などの遺跡は，未だに発見されていない。ソロモン王の栄華に関する記述も，想像と創作の産物なのだろうか。

なおレバノンの歴史家カマール・サリービーは，第一神殿のあったエルサレムは，現在のエルサレムではなく，他の地域であったとの説を展開して論議を呼んだ。サリービーの説は，実は本当のエルサレムは現在のサウジアラビアの南西部アシール地方にあったとする。イエメンと国境を接する地域である。イエメンにはユダヤ教徒が長年にわたり生活していた。20世紀に入ってからイスラエルやアメリカのニューヨークに多くが

アレキサンダー大王
〔(c) Alamy Stock Photo/amanaimages〕

移住した。サリービーの議論の根拠には，ここでは立ち入らない。ここでは，パレスチナではソロモン王の大規模な宮殿跡などが発掘されていないという事実を指摘するに止めよう。もちろんアシールでも発掘は行われておらず，現段階ではサリービーの説は考古学的に裏付けられてはいない。

　アケメネス朝ペルシア帝国は，アレキサンダー大王によって滅亡させられる。しかし，同大王の遠征は，多くのギリシア人をペルシア帝国の東の果てまで移動させた。この大王もキュロスと同じく，被征服者の生活習慣や伝統を尊重した。ペルシア的なものを，その統治に取り入れようとした。それが，ギリシアとペルシアの文明の融合の機会を提供した。ギリシア人の支配下において，ペルシアの文明はヘレニズムという融合文明の中へと流れ込んだ。そして，その後もイラン系の人々は古代においても二度も大きな帝国を建設した。一つはパルチアであり，もう一つはササン朝ペルシア帝国であった。この点については前章でも言及した。ユダヤ教徒の多くは，長い間にわたって，その臣民であった。ペルシア人の宗教であるゾロアスター教は，長い時間をかけてユダヤ教に浸透したであろう。

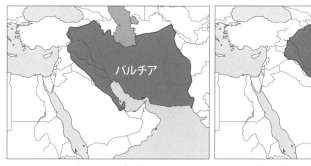

パルチアの領域　　　　　　　ササン朝ペルシア帝国の領域

アレキサンダーについて付言すれば，これほどイスラム世界で愛されている外国からの征服者はまれである。このアレキサンダーの名前を冠した都市にエジプト第二の都市アレキサンドリアがある。アラビア語ではイスカンダリーヤである。またアフガニスタン第二の都市でターレバンの根拠地であったカンダハルもイスカンダリーヤのなまったものとの説がある。現在でもイスカンダールというのはパキスタン人に多い名前である。この征服者の被征服地の習慣の尊重という政策が，この人物に対する悪感情を住民に残さなかったのだろう。アレキサンダーは建設者であり，次々と自分の名前を冠した都市を建設した。70ものアレキサンドリアが一時期は存在したと言う。もっとも，この全てをアレキサンダーが建設したのではなく，既存の都市に自分の名前を冠しただけの場合もあったようだ。

　ちなみに8世紀に中国の唐に対して反乱（安史の乱）を起こした安禄山という将軍がいた。この反乱が，唐の玄宗皇帝の楊貴妃との幸せな時代に終止符を打った。この安禄山という非漢民族出身の将軍の名前は，アレキサンダーの漢字表記との説もある。

　他の説では安禄山の禄山はソグド語の「ロフシャン」漢字表記である。「ロフシャン」は現代ペルシア語では，「ローシャン」となり「明るい」を意味する。

3. マルクス主義

　ゾロアスターの三本の柱の話に戻ろう。二元論，終末論，救済論という枠組みは，マルクス主義の世界観にも見て取ることができる。そこでは，歴史は善と悪の戦いである。マルクスの歴史観では，歴史は資本家

と労働者の階級闘争と表現される。終末はプロレタリアート革命である。つまり労働者階級による権力の掌握である。そして救済は，搾取なき社会の実現によってもたらされる。こうした考えの枠組みを提供したカール・マルクス（1818-83）は，19世紀のドイツに生まれた経済・歴史・哲学などにまたがる大きな足跡を残した知の巨人である。マルクスの家系からは，多くのラビ（ユダヤ教の導師）が出ている。しかし父親は，マルクスの誕生以前にユダヤ教からキリスト教へ改宗していた。人間の考えることに，新しいことは少ないのだろうか。

カール・マルクス（1818-83）
〔(c) Science Source/amanaimages〕

4.「天国」，ペルシア人の贈り物

　最後にペルシアの他の宗教への影響例として比較的に良く知られている事実を紹介しよう。それは天国の語源である。天国は，英語では paradise パラダイスである。この言葉の源は古代のペルシア語 paridaiza パリダイザである。「壁に囲まれた庭」を，そもそもは意味している。確かに広大な沙漠地帯を旅した後に緑に触れると救われる思いがする。乾燥地域での緑の庭園は楽園である。その楽園は壁で守らなければ砂漠に簡単に飲み込まれてしまう。壁で囲まれた庭園は，天国を思わせる。

　さてユダヤ教の聖書は，キリスト教的には『旧約聖書』は，そもそもヘブライ語で記されている。このギリシア語訳に「70人訳」というのがある。これは前3世紀にエジプト王の命令で70人のユダヤ教徒が70

日でギリシア語訳を完了したとの伝説から来た名前である。この 70 人訳でエデン園の訳語にパラデイソスというギリシア語が使われた。ペルシア語のパリダイザからの借用である。

そして『新約聖書』における天国を意味する言葉にも，このパリダイザ語源の言葉が使われた。ラテン語では，paradisus パラデススとなる。こうしてギリシア語やラテン語を経てペルシア語のパリダイザが英語に入りパラダイスとなった。ちなみに『新約聖書』はギリシア語で書かれた。こうしてペルシア人は世界にパラダイス（天国）を与えた。

本章ではゾロアスター教の主としてユダヤ教への，そしてユダヤ教を通じてのキリスト教とイスラム教への影響を語った。次章ではゾロアスター教が仏教へも影響を与えたとの説を紹介しよう。

年表

前 625 年 – 前 539 年	新バビロニア王国
前 605 年 – 前 562 年	ネブカドネザル 2 世
前 586 年 – 前 538 年	バビロン捕囚
前 539 年	バビロンの陥落
前 538 年	キュロス大王のユダヤ人解放
前 356 – 323 年	アレキサンダー大王
前 330 年	アケメネス朝の滅亡
前 248 年 – 後 226 年	パルチア
後 70 年	ローマによるエルサレム攻略，第二神殿の破壊
3 世紀	「70 人訳聖書」
後 226 年 – 642 年	ササン朝ペルシア帝国
755 年 – 763 年	安史の乱
8 – 9 世紀	カザル国のユダヤ教への改宗
13 世紀	モンゴルの拡大
1818 年 – 1883 年	カール・マルクス

演習問題

1. 本章のチャイ・ハーネのサンドの説を読み，サンドが主張するように歴史が政治に利用された他の例を考えてみよう。
2. 本書で取り上げた以外の宗教を選び，その宗教が二元論，終末論，救済論を論じているかどうかを調べてみよう。論じているとすれば，どのように論じているだろうか。

参考文献

①立山良司『エルサレム』(新潮選書，1993年)
②平山健太郎『ドキュメント・聖地エルサレム』(日本放送協会，2004年)
③カマール・サリービー『聖書アラビア起源説』(草思社，1988年)
④シュロモー・サンド『ユダヤ人の起源 歴史はどのように創作されたのか』(武田ランダムハウスジャパン，2010年)

 チャイ・ハーネ　ユダヤ教徒の起源

シュロモー・サンドのユダヤ教徒の起源に関する著作が国際的な話題を集めている。サンドは，イスラエルのテルアビブ大学で歴史を教えている。これまでに流布していた歴史によれば，パレスチナでローマに対して反乱を起こしたユダヤ教徒は，敗北の後にパレスチナを追われた。その子孫が現在の世界に離散するユダヤ教徒である。

ところがサンドによれば，ローマに敗れた後も多くのユダヤ教徒はパレスチナに残り，その後に改宗してキリスト教徒やイスラム教徒となった。つまり現在のパレスチナ人の祖先は，もとからパレスチナに住んでいたユダヤ教徒であるということになる。

それでは中東各地やヨーロッパに離散していたユダヤ教徒は，どこから来たのか。これまでの認識とは異なり，サンドによれば，ユダヤ教に改宗した人々であり，その大半は，パレスチナの出身ではない。現在でこそ，ユダヤ教は布教の宗教ではない。信者を改宗によって獲得しようとはしていない。しかし『旧約（ユダヤ教）聖書』には，ユダヤ教徒の支配者が被征服民にユダヤ教への改宗を強制する記述がある。これなどは，もともとはユダヤ教が，新たな信徒の獲得に現在のように消極的ではなかった証拠である。事実，古代の地中海世界ではユダヤ教は布教に熱心であり，多くの改宗者を得ていた。

　国家単位で改宗した例としてカザル王国をサンドは指摘している。カザル王国は，現在の南ロシアにあたるドン河やボルガ河沿いの草原地帯を支配しており，8世紀から9世紀にかけてユダヤ教に改宗した。改宗に当たり，なぜユダヤ教を選択したのか。当時のカザル王国は南西で東ローマ帝国（ビザンチン帝国）そして南でアッバース朝と国境を接していた。前者は，もちろんキリスト教の国であり，後者はイスラム教の国であった。両者と対抗し，独立を維持するために，一神教でありながら，キリスト教でもイスラム教でもないユダヤ教を，カザル王国は選択した，とサンドは推測する。この王国は11世紀には衰え，13世紀にモンゴルが南ロシアに制圧すると多くのユダヤ教徒が，東ヨーロッパへと移住した。これが，東ヨーロッパのユダヤ教徒の祖先だとサンドは解説する。

　現在でも残存するコーカサスのユダヤ教徒はカザル王国の末裔であろうか。またカスピ海のことをペルシア語では今でも「カザルの海」と表現する。消え去ったユダヤ教の王国の言語学的な残影であろうか。

もしサンドの説が正しいとすると，祖先の地に帰還して自らの国家を再建したとするイスラエルの主張は，根本から間違っていたことになる。ヨーロッパのユダヤ教徒の祖先は，他の宗教から改宗した人々で，パレスチナに住んでいたユダヤ教徒とは縁が薄いということになる。逆にイス

シュロモー・サンド（1946－）
〔(c) Polaris/amanaimages〕

ラエルの成立によって故郷を追われたり，あるいはイスラエルの支配下で少数派としての生活を迫られたり，占領下におかれたりしているキリスト教徒やイスラム教徒のパレスチナ人が，本来のパレスチナに生活していたユダヤ教徒の子孫ということになる。

　さらに衝撃的なのは，著者によれば，イスラエルの建国の父たちは，そしてユダヤ教の歴史の専門家の多くは，こうした事実を知りながら，ユダヤ教徒の祖先がローマによりパレスチナを追われ，その子孫が離散のユダヤ人であるという説の流布を許してきた。つまり歴史を政治のために利用してきた。サンドの議論は，激しい非難を受けた。同時に多くの読者を獲得し，世界的なベストセラーとなった。一冊の本が，イスラエルを揺さぶっている。

7 | ゾロアスター教的世界の広がり

《目標&ポイント》 ゾロアスター教の影響を仏教に見る研究者もいる。もし，そうした研究者の説が正しいとすれば，その直接的な，また間接的な影響は，ユダヤ教，キリスト教，イスラム教，さらには仏教に及んだことになる。
　ゾロアスター教は生きた宗教である。インドの同教徒はパールシーと呼ばれ，経済界で大きな役割を担っている。
《キーワード》 火焔仏，シンクレティズム，パールシー

1. 仏と炎

　仏教はインドに発し中国大陸と朝鮮半島を経て日本に到達した。この文は間違ってはいないが，十分ではない。重大な欠落がある。仏教はインドから中国に直接に伝わったのではない。インドと中国という二つの偉大な文明圏を結んだのは中央アジアであった。現在の地名で言えばアフガニスタンやウズベキスタン経由で仏教は，中国に入った。仏典を求めてのインドへの大旅行で知られる唐（617－907）の時代の僧侶の玄奘(げんじょう)は，中央アジアを経由してインドへ入っている。その著書『大唐西域記』には当時のアフガニスタンの仏教の状況に関する記述なども残されている。現在もアフガニスタンのバーミヤンには壮大な仏教遺跡が残されている。2001年ターレバンによって巨大な石仏像が爆破されるという事件が起り，世界に衝撃を与えた。またアフガニスタンの首都カブールの南アイナクにも壮大な仏教都市の遺跡が存在する。こちらの遺跡も破壊

第 7 章　ゾロアスター教的世界の広がり　｜　89

玄奘像
〔中国　西安　2012 年　筆者撮影〕

の危機に面している。というのは、遺跡が銅鉱床の上に存在しているからだ。中国の企業が銅鉱山の開発を計画している。遺跡の保存と開発の両立が強く望まれる。さらにはウズベキスタンでも大規模な仏教遺跡の発掘が続いている。

　つまり中央アジア経由で仏の教えは中国に入り、日本に達した。この中央アジアはゾロアスター教徒の世界でもあった。仏教とゾロアスター教は競合し、共存した。ちなみにゾロアスター教自体も中国に入り、祆教(けんきょう)と呼ばれた。中国にゾロアスター教徒がいた物的な証拠としては、例えば滋賀県にあるミホ・ミュージアムのソグド人の墓の壁画がある。6 〜 7 世紀のものである。これは中国で発掘されたもので、ゾロアスター教徒の葬儀の模様が描かれている。ソグド人はイラン系の人々で、シルクロード沿いのキャラバン貿易で繁栄していた。

　このゾロアスター教は、それでは中国を越えて朝鮮半島や日本に及んだのであろうか。朝鮮半島に及んでいたのは確実だろう。というのは 676 年に朝鮮半島を統一した新羅(しらぎ)王朝がペルシア人の傭兵隊を使っていたという記録が残されているからである。その首都の慶州(キョンジュ)には、ペルシア人と伝えられる武官の像が残っているからだ。場所は掛陵と呼ばれる古墳である。現地では「クェルン」と発音されるのだろうか。古墳の

韓国慶州の古墳「掛陵」
〔(c) MASAO ISHIHARA/SEBUN PHOTO/amanaimages〕

掛陵参道の石像
〔(c) KENRO KIMURA/SEBUN PHOTO
/amanaimages〕

ペルシア人の像と伝えられる武人像
〔1980 年 著者撮影〕

墓を守るように立っている。作家の司馬遼太郎は，この像を「武官である将軍はひじを張り，剣を杖ついてもし侵入者があれば一喝してしりぞけようとしている」と表現している。(『街道を行く　2　韓のくに紀行』朝日新聞社，1971 年，110 ページ）傭兵隊という集団としてペルシア人がいたのならば，ペルシアの宗教であるゾロアスター教を朝鮮半島にもたらしていた可能性は高いだろう。

　それでは日本列島はどうだろうか。東大寺のお水取りの儀式にペルシア的なものを感じる取ることはできる。東大寺の儀式では，たいまつの火の粉を浴びると病気にならないとされる。イランでは，今でもチャハルシャンベ・スーリという習慣がある。子供たちが，年末の夜に焚き火の上を飛び越える。これが，病気を防ぐと信じられている。二つの習慣は良く似ている。

　また東大寺のお水取りに先立って行われる福井県小浜市のお水送りの儀式にもペルシア的なものを感じ取ることが可能だろうか。イランやアフガニスタンにはカナートと呼ばれる地下用水路がある。日照の強い地域での，水を送る技術である。地下に水路を掘って蒸発を最小限に抑えつつ，長い距離を越えて水を送る技術が，乾燥地域での農業を可能にしてきた。このカナートを，お水送りとお水取りの儀式は模していると想像をたくましくすることもできる。どちらの儀式でも火が大きな役割を果たす。

　影響があるだろうと推測するのは易しい。だが，その証明は難しい。各地に同じような考え方があるからといって，あるいは同じような儀式があるからといって，その一つが他に影響を与えているとは必ずしも言

えない。お水送りやお水取りの儀式で火が大きな役割を果たすからといって、それはゾロアスター教の影響だと証明したことにはならない。火を大切にするのは、ある意味では、人間には自然な行動である。オリンピックの聖火のようにである。同じように火を祭っているという事実を指摘したところで、ゾロアスター教の影響が日本に及んだという証明にはならないだろう。学問的に証明できるのは、ゾロアスター教徒が朝鮮半島

お水送りの儀式に向かう僧侶
〔福井県小浜市　2005年　筆者撮影〕

にいただろうという可能性である。そして想像できるのは、日本列島にもいたかも知れないというロマンである。

　さて話を中央アジアに戻そう。中央アジアは、仏教とゾロアスター教の共存した地域であった。そして相互の影響があったであろう。さらに改宗もあったであろう。ゾロアスター教徒が仏教に改宗した場合、ゾロアスター教徒の時には火を拝んでいた人々が、今度は仏像を拝むようになった。火から仏像へのジャンプには距離がある。その過程で仏と炎を同時に拝みたくなったであろう。しかし、炎と一緒にすれば仏像が燃えてしまう。そこで出てきたのが、火焔仏である。あるいは火炎仏である。つまり仏の背中に炎を浮き彫りにして描いたわけだ。こうして仏は中央アジアでゾロアスターの火を背負った。そして、その火と共に世界を旅した。これが、研究者たちの説である。そうした歴史に思いをはせなが

第 7 章　ゾロアスター教的世界の広がり　　93

スリランカの仏像
〔2005 年　筆者撮影〕

ら仏像を見つめていただきたい。仏の背負う火炎のレリーフの中に中央アジアの風景を思い浮かべながら。

　こうした二つ以上の宗教の要素を融合させる行為を専門家はシンクレティズムという言葉で表現する。世界的には良くある現象である。例えば仏壇と神棚の両方が存在する家庭は日本では珍しくない。仏と神が平和共存している。ゾロアスター教的な要素の仏教への融合という現象に近いのが，アイルランドの十字架であろうか。アイルランドでは，もともと太陽信仰があった。そこにキリスト教が入ってきた。キリスト教は，その過程で太陽を取り込んだ。アイルランドの十字架は太陽を包含している。次頁の写真をご覧いただきたい。

　もっと良く知られている例は，クリスマスにサンタクロースが良い子にプレゼントを配って回るという話である。聖書には，そうした記述はない。聖地パレスチナで雪が降る日は少ない。積もるのは，もっと稀で

アイルランドの十字架
〔2005 年 筆者撮影〕

ある。ラクダでならともかく，トナカイでソリを引かせるなど想像もできない。パレスチナにはトナカイなどいないからだ。これはキリスト教の布教の過程で北ヨーロッパの伝説を取り込んだ結果であろう。宗教は先行して存在する儀式や習慣を吸収しながら広がって行く。火焔仏は，その一例である。

中央アジア経由でゾロアスター教から仏教に融合されて日本に至った神にミトラ神がある。ミトラ神はゾロアスター教では主神アフラ・マズダの下位の神である。このミトラ神が漢訳されて毘沙門天つまり多聞天となったと京都大学名誉教授の宮崎市定が推定している。ミトラ神は，ゾロアスター教の文献によれば千の耳を持つとされる。それゆえ多聞天と意訳されたとするのが宮崎の解釈である。またミトラ神が弥勒菩薩と

毘沙門天像
〔東京都新宿区　善國寺，
http://www.kagurazaka-bishamonten.com/〕

して仏教に取り込まれたとの説もある。ここで強調しておきたいのは，仏教がゾロアスター教を含む中央アジア的なものを吸収しながら発展したという歴史である。

2. パールシー

　さてゾロアスター教そのものの話に戻りたい。この宗教のイメージは，古代の宗教である。そして滅びてしまったかのように思われている。しかし，もちろん同教は現代の宗教でもある。かつてほどの信者数はいないが，現在も生きている。そして，その信者の影響力は思いのほか強い。

　前の章で解説したように，7世紀の初めアラビア半島に起こったイスラム教は，急激に支配地域を拡大した。そして後650年にはササン朝ペルシア帝国を滅亡させた。ササン朝の滅亡によってゾロアスター教は国

家の保護を失った。その後ゾロアスター教徒のイスラム教への改宗が，ゆっくりと進んだ。そして現在でもイランには南東部の都市ヤズドなどを中心にゾロアスター教徒が生活している。その数は万単位である。イラン議会ではゾロアスター教徒に1議席が与えられている。現在のイランを支配するイスラム政権は，イランの偉大な歴史を体現する宗教として，ある程度の敬意をもってゾロアスター教に接している。ゾロアスター教徒の側は必ずしも状況に問題なしとはしていないようだが。なお本書では，イランとペルシアを同義語として使っている。

　イスラム教徒の支配を拒みペルシアを脱出したゾロアスター教徒もいた。10世紀中頃，一群のゾロアスター教徒が，海路インドの西海岸のグジャラート地方に逃れて定住した。現地に到着したゾロアスター教徒の指導者は，布教をしない，現地の習慣を受け入れるとの条件で定住を許された。ゾロアスター教徒の指導者は，現地の支配者の前でミルクと砂糖を混ぜて受け入れを頼んだという。ミルクに砂糖を混ぜると，実際には両者が混じり合ったのに，ミルクの見掛けは変わらない。ミルクは現地社会であり，砂糖はゾロアスター教徒である。ゾロアスター教徒は，ミルクに溶けた砂糖のように現地社会の外観を変えることはない。この話の意味である。そして現地の支配者はイランからの人々を受け入れた。これがゾロアスター教徒の伝承である。また別の伝承によると，現地の支配者がコップをミルクで一杯に満たし，ゾロアスター教徒を受け入れる余裕はないと伝えた。ところがゾロアスター教徒の指導者がミルクに砂糖を溶かした。一杯に見えても，まだゾロアスター教徒を受け入れられるとの主張であった。支配者はゾロアスター教徒の定着を許した。この人々はパールシーと呼ばれた。現地グジャラートの言葉で「ペルシア人」を意味している。

第 7 章　ゾロアスター教的世界の広がり　│　97

　パールシーはゾロアスター教徒内での結婚を続け，その宗教を守った。その容貌は，白い肌の白人そのものである。古代のペルシア人も，かくあったのかと想像させる。

　ゾロアスター教徒の運命を変えたのはイギリスのインド支配であった。イギリスがインド支配の根拠地をボンベイ（ムンバイ）に構えると，パールシーはボンベイに移動した。そしてパールシーはインドで最初に近代化したグループとなった。

　イギリス人との接触に当たっては，その白人の容貌は利点となったであろう。パールシーはインドの産業革命を担った。この過程でタタやゴドレジなどのパールシーの家族が企業集団を支配して，インド経済に大きな存在を占めるようになった。また同時にイギリスの植民地が世界的に展開するにつれ，パールシーの活動範囲も拡大した。中国に日本にパールシーのビジネスは拡大した。現在のパールシーの人口は，数万人とされる。その居住地の中心はムンバイである。

　付言すればインドで政治的に影響力の強いガンジー家にもパールシーの血が流れている。このガンジーは，インド独立運動の父のマハトマ・ガンジーではない。独立後の最初の首相となったネルーの娘婿である。ネルーの娘インディラはインド独立運動を通じて知り合ったフェロズ・ガンジーという名の青年と恋に落ちる。フェロズがパールシー出身であったのでネルーは結婚に反対であった。父親の反対を押し切ってインディラはフェロズと結婚した。結婚式はヒンズー教式であった。この結婚の結果インドで政治的な影響力の強い名門家系にパールシーの血が流れ込んだ。

さてパールシーの経済上の成功は多くの要因に帰することができる。少数派として生き延びるために作り上げた相互扶助のシステム，イギリス人との接近などがある。さらにはインドの政治指導層との密接な関係も指摘できるだろう。

3. タタ

パールシーのインド経済に占める役割の大きさに言及したが，実際には，どのくらいの規模だろうか。インドの最も富裕な家族は，パールシーのタタ家であり，その総資産は3.5兆円とされる。

タタの存在感を象徴する産業に鉄鋼業がある。タタ製鉄は世界有数の規模である。またタタ自動車も庶民向けの車を売り出すなどインド国民に良く知られているブランドである。スリランカ，アフガニスタンなどの周辺諸国では，タタのバスを良く目にする。また新しい分野にも積極的に参入している。タタ・コンサルタンシー・サービシーズ(TCS)は，アメリカ企業のデータ処理を引き受ける最大手の企業となっている。これにはアメリカとインドの時差も味方している。アメリカが昼の時間にインドは夜になる。逆にアメリカが夜の時間がインドは昼になる。アメリカのエンジニアが仕事をして，インドにデータを送って寝ている間に，インドでデータを処理して，インドで夜になると，今度は夜明けのアメリカにデータを送る。両者が連携すれば休みなくデータの処理が続けられる。「フォロー・ザ・サン」つまり太陽を追う形での仕事の連鎖が繰り返される。

こうしたタタグループの各社の収入の合計は年間で8兆5千億円で，総従業数は45万人である。

タタ以外にもゴドレジなどの富裕なパールシーの家族が存在する。1999年に筆者自身ムンバイのゴドレジ家の邸宅を訪問した経験がある。親日的な一族ということで，広大な邸宅には日本庭園があった。

タタやゴドレジなどのパールシーは，その富を慈善事業に投じてきた。一つにはゾロアスター教の教えが，その背景にあるだろう。つまり善行の積み重ねが人としての義務であるからだ。アフラ・マズダと共に世界を良くするために戦うのが信徒の務めだからだ。

経済面での貢献ばかりでなく，学問や芸術の分野でもパールシーの活躍が目立っている。一例を挙げよう。ムンバイ出身の高名な指揮者にズービン・メータがいる。パールシーである。長らくイスラエル交響楽団の指揮者を務めた。ゾロアスター教徒がユダヤ教徒を指揮するのは，キュロス大王時代からの伝統だろうか。

ゾロアスター教は，ユダヤ教，キリスト教，イスラム教，さらには仏教に直接的な，また間接的な影響を与えている。となると人類に一番大きな影響を与えた宗教になる。さらにはゾロアスター教徒は，発展を続けるインド経済の中心に位置している。インドの国際政治における存在感の拡大を考えると，その経済の中心にいる人々の世界観の理解は重要である。にもかかわらず，この宗教の現代的な意義に関して語られる例は少ない。ゾロアスター教に本書が多くのページを当てた理由である。

年表
617年-907年　唐
629年-645年　玄奘のインドへの旅
650年　ササン朝ペルシア帝国の滅亡
676年　新羅の朝鮮半島統一
10世紀　ゾロアスター教徒のインド定着
2001年　バーミヤンの大仏破壊

演習問題

1．テレビ科目『現代の国際政治('13)』の中のアフガニスタンに関する放送教材を視聴してみよう。
2．テレビ科目『現代の国際政治('13)』の中のアフガニスタンに関する印刷教材の章を読んでみよう。

参考文献

①石田幹之助『長安の春』(講談社, 1979年)
②玄奘『大唐西域記』(平凡社東洋文庫, 1999年)
③杉山二郎『仏像が来た道』(青土社, 2010年)
④司馬遼太郎『街道を行く　2　韓のくに紀行』(朝日新聞社, 1971年)
⑤高橋和夫『現代の国際政治('13)』(放送大学教育振興会, 2013年)
⑥須貝信一『インド財閥のすべて』(平凡社新書, 2011年)
⑦堀本武功『インド／グローバル化する巨象』(岩波書店, 2007年)

　チャイハーネ　鞍馬天狗とゾロアスターの火

　福井県の小浜と奈良を直線で結ぶと、その中間くらいに京都の鞍馬寺がある。鞍馬は牛若丸つまり源義経の修行の地として知られている。ま

た幕末の京都で勤皇の志士に味方した名剣士，鞍馬天狗の里でもある。もちろん鞍馬天狗は小説家の大佛次郎(おさらぎじろう)が作り出した架空の存在である。

　鞍馬は，毎年10月に行われる火祭りが有名である。この火祭りにゾロアスターの影響を想像することも可能だろうか。東大寺のお水取りの儀式に漂うシルクロードの香は，多くの人々の想像を掻(か)き立ててきた。鞍馬寺にも非仏教的な雰囲気が漂っている。この地に太古の昔に金星から真理が伝えられたとする教えからして，不思議である。案内のパンフレットには鞍馬弘教本山とある。かつて，大変な数の観光客の一人になって，火祭りを見物した。鞍馬の儀式にゾロアスター的なものを感じるのは，思い込み過ぎかも知れない。何度も述べたように，火を神聖視するのは，ある意味では人間の自然な反応のように思えるからだ。

　しかし，この寺の伝統には興味を引かれた。例えば写真を見ると，写経の際には口に布を掛けて息で経典を汚さないようにしている。また花供養という儀式の際にも同じように口を覆(おお)っている。いずれも，ゾロアスター教の神官が儀式の際には口を布で覆うのを想起させる。そういえば小浜のお水送りの儀式の僧たちも口を布で隠していた。ただ口を覆うのはゾロアスター教だけではない。ムンバイの，即ちボンベイのジャイナ教の寺院で司祭が口を布で覆って祭壇に向かっているのを見たことがある。ジャイナ教は，仏教とほぼ同じ時代に起ったインドの少数派の宗教の一つである。少数派とは言え，人口10億のインドの少数派であるから，それなりの数の信徒がいるようだ。僧侶や信徒が口を覆う習慣は，日本の他の寺にもあるのだろうか。

　さて鞍馬寺は山寺なので，境内は垂直に上へ上へと伸びている。訪れる人々の便宜のために境内にケーブル・カーのある珍しい寺である。こ

のケーブル・カーの切符の裏に書いてある教えの言葉が目に留まった。「語に注意し　意を抑制し　身にて悪をなさずという　この三種の実践を清らかに保たば　古聖の説ける道に到らん」とあった。ゾロアスター教徒の生活信条である，善思，善言，善行と同じ教えである。偶然以上のものにぶつかったような感覚がこみ上げてきた。はっとした感情が何時までも残っているのを意識しながら，火祭りの燃え盛る炎が夜空に揺らめくのに見とれた。

鞍馬寺ケーブル・カーの
切符の裏に書かれた一節

8 | 東アジアの国際情勢/日中関係の構造

《**目標&ポイント**》 東アジア情勢を規定する大きな要因は日中関係である。東アジア情勢の難しさは，日本という経済大国が既に存在する地域で，中国という新たな大国が登場してきたという事実である。二つの大国の関係は通常は管理が難しいものである。日中関係は，20世紀に両国が戦争を戦ったという負の遺産もあり，さらに難しい。
《**キーワード**》 パワー・バランスの変化, エネルギー, 中東, ライバルかパートナーか？, ツキジデスのワナ

1. パワー・バランスの変化

　これまでの章は主として宗教に関して論じてきた。本章以降では日本の領土問題に，焦点を当てる。領土問題に入る前に，その準備として日本周辺の情勢に関して本章では語りたい。そして，次の章では領土問題とは何かについて論じよう。

　近所付き合いは難しい。国際関係でも同じである。日本は中国とは尖閣諸島を，韓国とは竹島と，ロシアとは北方領土の問題を抱えている。これは，日本が膨張主義であるとか，韓国や中国が特に貪欲とかが理由ではないだろう。領土問題は，国境を接する国の間では，よくあるものなのだ。ドイツとフランスはアルザスとロレーヌという地域の所有をめぐって19世紀から20世紀にかけて何度も争った。イランとイラクも1980年から1988年まで8年間に渡ってイラン・イラク戦争を戦った。

その理由は少なくとも部分的には領土問題であった。日本と中国の尖閣諸島をめぐる問題は、特別な事件ではなく国境を接する国の間で良く起こる現象である。これが、この問題の理解の基本であるべきだ。両者共に冷静さが求められる。これが日中関係を考える際の第一の視点である。しかし、この近所付き合いの難しさという以外にも、日本と中国の間の問題には、よくある国境紛争以上の複雑さが存在する。

　日中関係の理解には、いくつかのポイントがある。その一つは歴史である。日本と中国は 19 世紀と 20 世紀において二度の戦争を戦った。1894 年から 1895 年にかけての日清戦争と 1930 年から 1945 年にかけての日中戦争である。特に後者の戦争の記憶が、中国では深く刻まれている。これが、日本との領土紛争に他の諸国との争いとは違う感情的な側面を中国人の意識に与えているだろうことは想像に難くない。我々は歴史の影に生きているという事実を忘れてはならない。

　第三は、東アジアにおけるパワー・バランスの変化である。つまり日中間の力関係が変わりつつある。日本の経済力は頭打ちであり、中国の経済は急速な発展を遂げている。中国の経済発展は、同時に大きな経済格差を引き起こしつつある。格差の問題は、大きなエネルギーとなって爆発し、将来の中国の安定と、もしかしたら国家の統一そのものを脅かすかもしれない。しかし、その将来がいつになるのかは、予測が難しい。少なくとも現段階では、中国の経済力の発展が、軍事力の近代化を可能にしており、日本を含め周辺諸国が脅威を覚え始めている。特に航空母艦の配備などの海軍力の増強に、注目が集まっている。

上海の繁栄を象徴する浦東地区の高層ビル群，日本にある高層ビルをすべて集めても上海の高層ビルの数に及ばないという。上海から戻ると東京が野暮ったくさえ感じられる。〔2018年5月　筆者撮影〕

そそり立つ高層ビルの陰に物乞いの姿がある。1949年に中国共産党が中華人民共和国の成立を宣言してから70年がたつ。この中国革命とは何であったのかと考えさせる風景である。〔2011年　筆者撮影〕

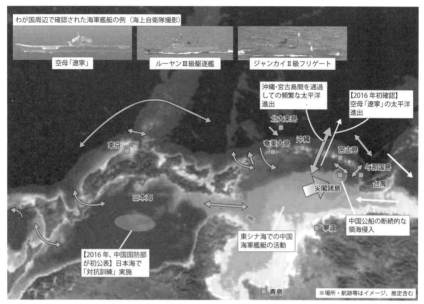

わが国周辺海域における最近の中国の活動
〔平成29年度版『防衛白書』から〕

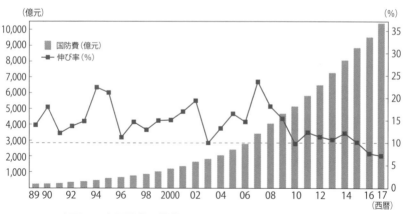

中国の公表国防費の推移〔平成28年度版『防衛白書』から〕

軍事力の成長を象徴する中国の航空母艦「遼寧」
〔(c) ZUMA Press/amanaimages〕

　停滞する日本と発展する中国の対比はあまりにも鮮明である。二つの大国の力関係の変化は，往々にして管理するのが難しい。ヨーロッパにおいては，例えば 1871 年の統一ドイツという新しい強国の登場が，既存の大国であるイギリスとの対立に発展した。そして，それが国際政治の枠組みを突き壊した。そして第一次さらには第二次世界大戦の伏線となった。アジアにおいては 1975 年のサイゴン陥落後による統一ベトナムの台頭は，東南アジアを揺り動かした。ベトナムは，1979 年にカンボジアに軍を進めポルポト政権を崩壊させた。しかし，ポルポト政権を支援していた中国は，ベトナムを攻撃した。両国は国境での武力衝突を経験した。統一ベトナムという新しい大国の登場が，こうした新しい戦乱の序曲となった。中国の経済的な台頭が周辺との武力衝突の背景とならないことを祈るばかりである。

2．現代の特殊性

　現代は，東アジアの歴史にいては特殊な時代である。元朝以降の東アジアは，二つの大国の並存という事態に直面したことはなかった。中国

という国の名前が反映しているように，歴史の大半において中国は，まさに中心の国であり，東アジアの覇者であった。

ところが19世紀末以来，日本が大国となった。強い軍事力を育成した明治以降の日本は，軍事大国として東アジアで君臨した。そして第二次世界大戦後は復興と経済成長を達成して経済大国としての地位を築いた。この間，中国は日本を含む帝国主勢諸国の侵略の被害者であった。また1949年の中華人民共和国の成立後も，中国は国内の問題にエネルギーの大きな部分を割かざるを得なかった。

しかし20世紀の末から，大国としての中国の姿が東アジアに浮かび上がってきた。ところが，この地域には日本という経済大国が既に存在する。二つの大国が一つの東アジアに並存するという近代史に入ってから初めての現象が起こっている。東アジアの人々は，二つの強国が並存するといった状況に慣れていない。日本と中国の両国民はリハーサルもなしに，突然に現代という初舞台に立たされている。

3. エネルギー

日中の対立点の一つは，資源なかんずくエネルギーである。両者の競合関係が，エネルギーの確保という面で先鋭になりつつある。日本は伝統的なエネルギーの輸入国である。ところが経済の発展に伴って中国も1990年代の中盤から石油の純輸入国に転落した。かつては日本へ石油を輸出していた中国がである。

中国は，やはり日本が過去にそうであったように石炭に依存している。しかし，石炭の利用は環境への負担が重い。中国は，環境の悪化に苦しんでいる。大都市における大気汚染のひどさは，2008年の北京オリンピックの際にマラソンが危険ではないかとの懸念が表明されたほど深刻である。となれば環境への負荷の軽い石油や天然ガスの利用へ移行するしか道がない。中国は海外からの石油や天然ガスへの依存を深めつつある。

　また中国における自動車の利用も爆発的な伸びを見せている。2009年，中国は新車の販売台数でアメリカを越えて世界一になった。2010年の数字では，1,800万台を超える新車が販売されている。2016年には2,000万台を超えた。2017年には2,500万台に迫っている。月にすると200万台以上の新車が販売されている計算になる。毎日毎日7万台の新車である。

　まだまだ自動車ブームが続くだろう。もちろん電気自動車の導入などのガソリン需要の削減要因も働くだろう。だが，それにしても石油輸入は増大せざるを得ない。この面からも中国は世界最大の産油地域である中東に向かわざるを得ない。

　となると中国は，海外からのエネルギーを運ぶタンカーの通る海域をできる限り自国の影響下に置きたい。しかし，それは日本も同じである。この点も尖閣諸島をめぐる日中の対立の背景である。

尖閣諸島と，その周辺の海域は日本と中国への輸送路であるにとどまらない。なぜならば，その周辺の海域で石油と天然ガスの存在が確認されているからだ。海外エネルギーに依存する日中両国にとって，「自国産」のエネルギー源となる海域の支配は譲れない。

　そして日中の競合関係は，東アジアを越えて広がっている。中国は，中東やアフリカからの石油への依存をますます深めている。そのため，石油の確保のために日本と中国が中東で競合しているのである。

4. 中東

　例えば，イランの南西部アザデガン油田の開発の問題である。日本は2000年代の始めに，この油田の開発の権利を確保していた。しかし，イランを孤立させようとするアメリカの圧力を受けて，その権利を手放さざるを得なかった。そしてアザデガン油田の開発の権利を中国が獲得した。

　中国がエネルギーの確保のために，どのくらい真剣になっているのか，あるいは，ならざるを得ないのか。それを傍証する数字を示そう。2,900である。これは2009年に中国の炭鉱事故で死亡した労働者の数である。国営の通信社の新華社の報道である。中国はエネルギーを確保するために，年間で少なくとも2,900名の労働者の命を犠牲にしている。実際には，これは少な目の数字である。これよりもはるかに多くの労働者が死亡しているとの見方も広く抱かれている。それほどエネルギーの確保は中国にとって重要である。

　もう一つ日本が中東で中国を意識せざるを得なかった場面を紹介しよ

う。2008年から西インド洋での海賊による被害が頻発するようになった。ソマリアでの治安が乱れに乱れ，そのソマリアを拠点として海賊が西インド洋を航行する船舶を脅かすようになった。海賊対策として各国が海軍の艦艇を派遣した。そして日本も海上自衛隊の艦艇と哨戒機を派遣して，自国の商船や客船を含む各国の船舶の保護活動に当たっている。

　この自衛隊の艦艇の派遣に関しては議論があった。武力行使を禁じた憲法に触れないかとの懸念があったからだ。また海上自衛隊は既にインド洋でアメリカ軍などへの給油活動に当たっていた。2001年のアメリカでの同時多発テロ以降に始められ，2010年に民主党政権によって打ち切られるまで続けられた活動であった。この活動に関しても，憲法に触れるとの議論が存在した。それ以外の問題もあった。それは海上自衛隊の能力の問題であった。そもそも海上自衛隊は遠く離れた海域での長期間にわたる作戦を想定してこなかった。そのため，この作戦を遂行するのは艦艇のやりくりの上でも人員の配置の上でも相当な負担であった。

インド洋の海上自衛隊の艦艇とヘリコプター
〔2010年 筆者撮影〕

しかし海上自衛隊の海賊対策のための派遣が決定された。その背景にあった要因は何か。もちろん，この海域を通って運ばれる中東の石油と天然ガスが日本経済を支えているという決定的に重要な事実があった。そして，もう一つの要因となったと推測されるのが，中国海軍による艦艇の派遣である。中国の艦艇がアラビア半島南端の国オマーンのサラーラ港を拠点に活動を行っている。中国が派遣したのに，日本がじっとしているわけには行かない。そうした心理的圧力は日本の政策決定者の間で強く感じられたであろう。そして，2010年代に入って日本も中国もアラビア半島の対岸のジブチに基地を設けた。

本章の最後に，もう一つだけ中東における中国の存在感を強く意識させた事件を紹介しよう。それは2010年のイスラム教徒の聖地巡礼であった。第3章のチャイ・ハーネでも言及したように，イスラム教は経済的な余裕のある信徒には生涯のうちに聖地メッカとメディナへの巡礼を求めている。そのため毎年の巡礼（ハッジ）は，メッカとメディナの二聖都を有するサウジアラビアにとっては最大の事業である。いかに百万単位の巡礼者を受け入れるかは，サウジアラビアという国家の威信とサウジ王朝の正統性をかけた一大事である。しかもハッジの期間は毎年決められており，わずか4日間しかない。2010年のハッジの場合，この4日間に270万人が巡礼を行った。

この年，そのハッジの歴史で画期的な展開があった。それはサウジアラビアに中国が建設した鉄道が使われたことだ。2008年から建設が始まった鉄道の一部が開通し，それが巡礼者を運んだ。中国は自らの技術を証明すべく，赤字で工事に当たったとも伝えられる。イスラム教徒にとって最大の行事が中国の力によって支えられる。中国の中東進出を象

徴する事実である。

　日本と中国が石油を巡り，海賊対策を巡り，競い合う構図が中東で見られる。中東での日本と中国との競争は，今後ともますます激しくなるだろう。その背景にあるのは中国のエネルギー需要の増大である。尖閣を巡る対立のとげとげしさは，エネルギーを巡る日本と中国の対立関係の厳しさを象徴している。

5. ライバルかパートナーか？

　日本と中国の対立関係は明らかである。しかし，単に石油を巡って対立するばかりでは能がない。共に中東から石油を輸入しているのであるから，両国は石油輸入国として同じ側に立っている。両国が協力すれば中東諸国との交渉において立場が強くなる。かつてはバラバラであり，国際石油資本に搾取されていたイランやアラブ諸国のような産油国が，団結によって強い交渉力を確保した前例を想起したい。中東産油諸国は，政治では対立しつつも，それを経済から切り離し，石油政策においては協調を維持した場面もあった。そうすることが共通の利益であったからだ。

　日本と中国も国境問題などの政治問題を，必要とあらば経済問題から切り離す賢明さを持ちたいものである。政治で対立しつつも，経済では協力するという姿勢を維持したい。例えば日本と中国が既に協力を開始している場面もある。石油備蓄である。日本が1973年の第一次石油危機と1978年の第二次石油危機で学んだ教訓の一つは石油備蓄の大切さである。手元に多量の石油を置いておけば，イザという時に役に立つ。そして，備蓄が企業と国民の安心感を高め，国際市場で石油をとんでも

ない高値で買おうという衝動の抑えになる。備蓄は中東の一部を日本に保存しているようなものである。1978年以来，政府資金を投入した石油の国家備蓄が始まり，2010年2月現在で民間と国家の備蓄量をあわせると，消費量の約200日分に達する。

　備蓄には莫大な資金が求められる。そのため躊躇していた中国も21世紀に入ると備蓄を開始した。これには日本からの強い助言もあった。もし仮に石油危機のような状況が発生した場合，日本の企業が石油価格を吊り上げるような行動を抑えたとしても，備蓄のない中国がそうした行動を起こせば，石油価格は高騰し，結局は日本も高い値段を払う羽目になる。となれば，中国が備蓄を持ち将来の石油危機に沈着に対応できるようになるのは，日本の国益でもある。そうした視点からの助言であり，日本は備蓄基地に中国の視察団を受け入れ，その建設と維持のノウハウを伝授した。中国に石油備蓄を助言するばかりでなく，さらに一歩踏み込んで，日本と中国が共同の備蓄基地を建設する構想なども一部では既に論じられている。

　中国と日本は，多様な場面においてライバル関係に立つ。しかし同時にパートナーとして活動できる局面も決して少なくない。石油に関していえば，同じ側に立ち協力し合えば，双方の交渉力を強め，エネルギー安全保障を高めることができる。単なるライバルではなく，パートナーとしてもお互いを意識したいものである。

　かつて戦争を繰り返したドイツとフランスは，過去を乗り越え同盟国として固く結ばれている。両国は経済関係を深め第二次世界大戦後のヨーロッパの復興と発展をリードしてきた。東アジアもヨーロッパの経

験から学びたい。東アジアは物理的には広くならない。しかし、日中両国民の相互の理解力と包容力を広げることはできる。20世紀よりは賢明に21世紀の日中関係を発展させたいものである。

6.「ツキジデスのワナ」

　実は中国がライバルとして見ているのは、恐らく日本ではない。もはや経済規模で日本を、そしてアメリカをも実質的に上回った中国は、日本の背後にいるアメリカをライバルとして見ていよう。既存の大国と新興の大国が衝突する事象を「ツキジデスのワナ」と呼ぶ。古代ギリシアで既存の強国スパルタと新興のアテネの戦争を論じたツキジデスの『歴史』に由来する言葉である。もし、米中がツキジデスのワナにかかって衝突すれば、日本も被害を免れない。日中関係と日米関係の両方の安定を願いたいものである。

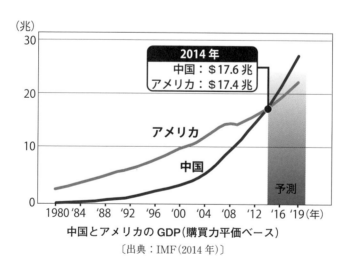

中国とアメリカのGDP（購買力平価ベース）
〔出典：IMF（2014年）〕

年表

1871 年	ドイツ統一
1894 年 – 1895 年	日清戦争
1914 年	第一次世界大戦始まる
1930 年 – 1945 年	日中戦争
1939 年	第二次世界大戦始まる
1949 年	中華人民共和国の成立
1975 年	ベトナム統一
1979 年	ベトナム軍のカンボジア侵攻 中国とベトナムの軍事衝突
2014 年	中国の購買力平価ベースの経済規模でアメリカを追い抜く

演習問題

1. 中国の軍事力の拡大に関して中国自身が，どのように説明しているか調べてみよう。
2. 中国の軍事力が脅威だとの議論に関して，日本の各新聞の間に論調の違いがあるかどうか調べてみよう。

参考資料

①高橋和夫「米中関係」，『現代の国際政治（'18)』，(放送大学教育振興会, 2018)の第7章と同名のテレビ科目の第7回
②西村成雄『現代東アジアの政治と社会（'10)』(放送大学教育振興会, 2010年)
③吉田光男『東アジアの歴史と社会（'10)』(放送大学教育振興会, 2010年)
④グレアム・アリソン『米中開戦前夜』(ダイヤモンド社, 2017年)
⑤トゥーキュディデース『戦史』上, 中, 下 (岩波書店, 1966年)

チャイ・ハーネ　<u>中国の秘密兵器　孔子</u>

　中国が脅威だとの議論が盛んである。日本とは尖閣諸島の領有権問題を抱えているし，フィリピンとは南シナ海の岩礁の領有権をめぐって対立している。この岩礁をフィリピンはスカボロー礁と呼び，中国は黄岩島と呼ぶ。中国の海軍力の成長と積極的な海洋進出に，周辺諸国は懸念を覚え始めている。中国脅威論の背景である。

　しかし，中国の対外政策で注目しておきたいのは，その文化面である。国際政治学者が好きな言葉を使えば，ソフト・パワーである。これは，ハード・パワー（軍事力）に対置する表現で，文化や言語などの影響力に注目して言及する際に使われる言葉である。例えばアメリカ軍の基地は反感を買うが，ディズニー・ランドやミッキー・マウスに敵意を感じる人は少ない。アメリカの外交政策には文句があっても，ジャズが好きな人は少なくない。そうした文化面での間接的な影響力がソフト・パワーである。これには映画，音楽，放送などが含まれる。

　こうした面では，例えば中国は 2009 年にアラビア語のテレビ放送を始めた。それも 1 日 24 時間の衛星放送である。中国からのアラビア語放送がアラブ世界に向けて送信されている。NHK ラジオが，毎日限られた時間数だけアラビア語放送を行っているのに比べると，熱の入れ方が違う。みずからの主張を各国の言語で直接に発信しようという中国の懸命な姿勢が見て取れる。

　逆に外国人への中国語の普及にも力を入れている。04 年から世界各地に孔子学院という中国語の教育施設を設立している。現地の大学や語

東京湯島聖堂の孔子像
〔2012年 筆者撮影〕

学学校などと提携して、中国が教材を提供し、教師を派遣している。既に65カ国に240校を超える孔子学院のネットワークが世界をおおっている。日本でも立命館大学が最初に孔子学院を設立し、桜美林大学が続いた。桜美林大学は、その創設者が第二次世界大戦前に中国で学校を経営していたという深い縁があって、中国語教育に力を入れてきた大学である。

世界で2,500万人が中国語を勉強しているとされるが、中国政府は、これを1億人にまで引き上げる計画である。孔子学院のネットワークの拡大は、まさに国家プロジェクトである。

ちなみに自国の言語や文化の普及のために偉人の名前を付けた教育施設を建てるのは中国が初めてではない。ドイツは、ドイツ語とドイツ文化の普及のためにゲーテ・インスティチュートというゲーテの名前を冠した文化センターを開いている。スペインは、セルバンテス文化センターとドン・キホーテの作者の名前を付けている。孔子は、中国の文化的影響力の世界への浸透のための秘密兵器的な存在なのである。

毛沢東時代の文化大革命期の中国では、孔子の教えは否定され、批判

された。儒教は，否定されるべき古い秩序を代表し，破壊されるべき古い価値観であった。まさに克服されるべき文化であった。その孔子が，中国によって世界展開されている文化センターの名前に使われている。興味深い。

　中国の現体制は，孔子を否定した毛沢東の思想を否定しているわけだが，毛沢東思想の否定は，毛沢東が率いた中国共産党の権威の批判へとつながりかねない。孔子が正しいのであれば，その否定の上に成立した中国共産党の支配体制が正しいはずがない。

　ハード・パワーが力づくで相手を従わせるのであるならば，ソフト・パワーは，知らぬうちに相手をその気にさせる。気がついたら相手の思うように踊らされていた。ソフト・パワーは，そんな風に相手に働きかける。孔子というソフト・パワーは中国文明を世界に広げるばかりでなく，気がついたら，結局は中国共産党の一党独裁の足場を掘り崩していた。そんなことにならないだろうか。

9 領土問題とは何か？

《**目標&ポイント**》 テクノロジーの進歩が領土問題を起こりやすくしており，民族主義が領土問題の解決を困難にしている。
《**キーワード**》 民族主義，テクノロジー，地球温暖化と北極圏での領有権争い

1. 民族主義

　土地争いは昔から存在する。個人の間でも，そして部族や国家の間でもである。国家の間では戦争の勝敗の結果として領土の一部がやり取りされる例が多かった。ところが19世紀くらいから，領土問題は極端に感情的な色彩を帯びるようになった。それは，この頃に民族主義が起こったからである。またヨーロッパに起こった民族主義が世界に広まったからである。この民族主義というのは，何だろうか。民族主義とは次のような考え方である。
(1) 人類というのは民族という単位に分類できる。
(2) それぞれの民族が独自の国家を持つべきである。これを民族自決の原則と呼ぶ。
(3) 個人は，自らの属する民族の発展のために貢献すべきである。

　それでは，民族とは何だろうか。それは共通の祖先を持ち，運命を共有していると考える人々の集団である。日本人，ドイツ人，フランス人，ロシア人，イタリア人，スペイン人などが，この民族という単位に当た

る。これは客観的な基準によって成立するのではなく，あくまで集団の構成員の思い込みで決まる。同じ言葉を話したり，同じ宗教を信じたりしていれば，この思い込みは容易になる。

　もともとフランス人や日本人が，いたのではない。例えば日本人は，明治以降に出来上がったのである。日本語に明治以前の感覚の跡が残っている。現在の日本人同士の会話で「おくには，どちらですか？」と聞かれて「日本です」との答え方はない。「薩摩です」とか「会津」ですと答える。かつて「くに」とは日本ではなく，もっと狭い範囲を指していた。この場合の「おくに」という表現は，そうした時代の名残である。江戸時代には，日本人としての一体感は，まだまだ希薄であったろう。確かに参勤交代制度などによってエリート層は，江戸での生活を共有していた。しかし，各地の言葉の間の差異は，通じ合わないほど強かった。一体感を強めたのは，黒船の到来など外からの脅威であった。そして明治以降に日本人が出来上がった。日本人は，民族主義の産物である。

　民族主義の考えによれば，個人の最高の生き方は，自らの民族のために尽くすことである。自らの民族が国家を持っていない場合は，その樹立のために働くことである。そして，この考え方に取り付かれた人々は，民族のため国家のために大きな犠牲をいとわない。ときには命さえも捧げる。お国のために死ぬという行為が，民族主義では最高の栄誉とされる。この国家のために尽くすという行為の中心は，領土の防衛である。領土は民族の発展する空間として神聖な舞台となる。こうした民族主義が高まってくると，領土問題で妥協することが難しくなる。

　この難しさは二つの方向から来る。一つは領土を失った国の国民が怒

るからである。従って指導者たちは，領土問題で簡単には妥協できなくなった。二つ目は，失った領土に生活する人々が異民族の支配に抵抗するからである。かつては庶民の方は，誰が支配者であるかについては余り関心を示さなかった。戦争の結果，自分の住んでいる地域が，ある国王から他の国王に譲渡されても，住民の方は，以前と同じように生活した。しかし民族主義が強くなると，ある民族に属する人々が他の民族の支配下に入るのを潔しとしなくなった。そして母国への復帰運動を始めるようになった。領土を奪った方は，その領土を「消化」しにくくなった。結論を述べよう，民族主義は領土問題の解決を極端に困難にした。

2. 宗教

それでは，領土問題は，いかにして発生するのだろうか。その原因は何だろうか。まず，その原因ではないものを解説しよう。それは宗教問題である。領土問題の多くは宗教紛争と報道される例が多い。しかし，この宗教紛争との表現は誤解を招きやすい。ある宗教を信じている人たちが，他の宗教を信じている人たちと争っているとしても，争いは土地や水の支配に関してであって，宗教に関してではない。つまり，どちらの宗教が正しいかと言う議論ではない。代表的な例はパレスチナ問題である。しばしば宗教対立が根にあるとの議論を耳にする。だが，これは実際にはパレスチナの土地を誰が支配するかという問題であり，どちらの宗教が正しいかとの意味での宗教対立ではない。

この問題に関しては，「二千年のイスラム教徒とユダヤ教徒の宗教対立」などの表現で語られることが多い。しかし，この説明は算数からして間違っている。なぜならば，前の方の章でも説明したようにイスラム教が成立したのは600年代である。つまり7世紀であり，その歴史はお

よそ1400年ほどである。であるならば,二千年もユダヤ教とイスラム教が争っているはずはない。

　付け加えると,この点も繰り返しになるのだが,問題の土地のパレスチナにはキリスト教徒も数多く生活しており,イスラム教徒とユダヤ教徒の対立と単純化してしまうのは,キリスト教徒に失礼である。そもそもキリスト教は,この地に発し,その教えを守り続けた人々が現在も生活している。この「パレスチナ問題は宗教紛争である」という類の,あまりに単純で分かりやすい話は,往々にして危険である。

　そして,この問題に関与しているユダヤ教徒にとっては,ユダヤ教が100パーセント正しい。やはりキリスト教徒にとってはキリスト教が100パーセント正しい。そしてイスラム教徒にとってはイスラム教が100パーセント正しいのである。繰り返そう。問題は,宗教の正しさではなく,土地と水の支配である。

3. 資源問題としての領土

　さて,それでは土地と水の支配が領土問題の背景にあるとするならば,領土は,なぜ大切なのだろうか。それは,民族主義の考え方によれば,領土は経済の問題ではなく,神聖な空間であるからだ。それゆえ,その経済価値に関係なく死守すべきである。しかし,もちろん領土には経済的な価値がある。領「土」であれば,農業や牧畜の用地としての利用価値がある。風景が美しければ,観光地として人を呼び寄せることができる。宗教的な聖地であれば巡礼者を呼び寄せることもできる。湖や川の水は生活用水として,あるいは農業や牧畜用に重要である。また工業用水としても利用価値が高い。

土地の地下には金や銀のような貴重な鉱物が存在する場合もある。そして石油や天然ガスのようなエネルギー資源があれば，土地の経済価値は途方もなく高くなる。また海域をめぐる争いの背景には漁業資源の利用がある。後の章で触れる北方領土や竹島や尖閣諸島の領有権問題においても，周辺海域での漁業の問題が重要である。

また海底に石油や天然ガスが存在する場合には，海域の経済的価値が高くなり，領有権の主張は激しさを増す。東シナ海では，中国が石油と天然ガスの開発を始めて日本側を刺激している。ここまで書いてくれば，明らかなのだが，領「土」問題は土地の問題ばかりでなく，海の問題も含んでいる。つまり領海問題でもある。そしてカスピ海のような湖の領有が争われる場合は領水問題でもある。さらには，空を誰が支配するかとの問題は領空問題でもある。しかし，領土・領海・領水・領空問題では，表現があまりに長いので「土」という言葉に万感の思いを込めて領土問題と簡単に表記している。

4. 自然現象

川が国境線となっている場合が明確な例であるが，川が自然現象によって移動すると，国境の確定が難しくなり，問題が発生しがちである。イランとイラクの国境線をなすシャットルアラブ川の流れの変化が問題を起こしてきた。なおシャットルアラブ川はイラク側の呼び名で，イラン側の呼び名はアルバンド川である。

5. テクノロジー

テクノロジーの進歩も，領土問題を引き起こしがちである。例えば漁業である。かつてのように沿岸国が自国の周辺を漁場にしている間は問

題は少なかった。しかし遠洋漁業の発達によって他国の漁船が自国の周辺海域にまで進出するようになると，また漁業資源を脅かすほどの漁獲を行うようになると，自国の水産業を守るために国家は領海を広げようとし始めた。例えばタラの漁獲に頼っているアイスランドは，1950年代から領海の拡張を宣言して漁船をアイスランド周辺に派遣していたイギリスと対立を繰り返してきた。これをタラ戦争と呼ぶ。この件については，後に触れる機会があるだろう。

またテクノロジーの進歩は，領海問題に新しい側面を加えた。それは海底油田やガス田の開発が可能になったからだ。漁業資源に加えて海底のエネルギー資源の存在が，注目されるようになった。海底油田の開発はアメリカのメキシコ湾などで始まった。技術的には困難とされ，当初は水深200メートル程度の海域での開発がやっとであった。しかし技術の進歩は著しく，水深の深い，また気象の厳しいヨーロッパの北海などでも開発が可能になった。

北海の開発では沿岸各国の間で線引きが行われ，それぞれの国の海域が割り当てられた。その結果，ノルウェー，イギリス，オランダなどが石油と天然ガスの開発で莫大な利益を上げた。この北海の線引きが平和裏に行われた事実には，勇気付けられる。石油や天然ガスの存在が，必ずしも紛争や対立に終わらないという前例を作ったからである。日本と中国の間で対立の存在する尖閣諸島を含む領海の問題の解決に，ヨーロッパの経験から学べることはないだろうか。現在の状況は，問題の残る海域で中国が天然ガスの開発に着手し，これに日本が反発している。

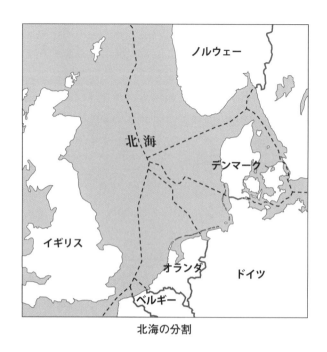

北海の分割

6. 地球の温暖化

　自然の変化とテクノロジーの進歩が生み出した問題としては，北極の問題がある。北極は南極と違い大陸ではない。巨大な氷のかたまりであり，周辺にいくつかの島がある。近年の地球の温暖化現象によって氷が溶け始め，海氷面積の縮小が進んだ。これによって北極海域の利用が容易になってきた。しかもテクノロジーの進歩は，人間に北極を利用する道具を与えた。

　具体例を挙げよう。氷に覆われた面積の縮小する夏にはアジアとヨーロッパを結ぶ北極航路の利用が可能になる。従来のルートよりも40パー

セントも距離が短くなる。2012年にノルウェーの天然ガスが，初めて北極圏航路で日本に輸入された。一方で，この新しい航路の利用に期待が高まっている。他方では，北極の環境汚染が懸念される。

また北極圏の海底には豊富な石油や天然ガス資源が存在し，既に一部では開発も進められている。ノルウェー，ロシアなど8カ国が北極圏に対して領有権を主張している。2007年ロシアが北極点にチタン製の国旗を立てた。またカナダは北極圏に軍事基地の建設を発表した。北極が熱くなってきた。

北極の資源開発や環境問題に関しての議論の場が1996年に創設された北極評議会である。北極圏の8カ国，カナダ，デンマーク，フィンランド，アイスランド，ノルウェー，ロシア，スウェーデン，アメリカ，そして北極圏に生活する先住民の団体で構成されている。北極圏に位置しない国もオブザーバー参加できる。日本，中国，韓国，インドなど13カ国がオブザーバーとなっている。

7. テクノロジーと民族主義

領土問題の起こる背景はさまざまである。しかし，一般論で言うと，テクノロジーの進歩が国家の支配の及ぶ範囲を広げてきた。各国が，その支配する範囲を拡大すれば，当然のことながら，その主張が，ぶつかりやすくなる。ところが民族主義が高ぶると，領土をめぐる妥協が難しくなる。つまりテクノロジーの進歩が領土問題を起こりやすくし，民族主義の高まりが，その解決を難しくしてきた。

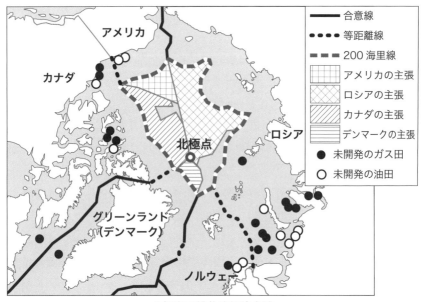

北極海の排他的経済水域

年表	
7世紀	イスラム教始まる
1996年	北極評議会設立
2007年	ロシアが北極点にチタンの旗を立てる
2012年	北極圏航路を利用して，日本がノルウェーの天然ガスを輸入

演習問題

1．「あなたの，おくには，どちらですか？」を英訳すると，どうなるだろうか。
2．「日本人」同士が殺し合った幕末の戊辰戦争についての本を一冊読

んでみよう。
3．戊辰戦争にゆかりのある古戦場などを訪ねてみよう。

参考文献

①川嶋淳司（他）『一瞬でわかる世界と日本の領土問題』（日本文芸社，2011年）
②高橋和夫『アラブとイスラエル／パレスチナ問題の構図』
　（講談社現代新書，1992年）
③高橋和夫『なるほどそうだったのか！！パレスチナとイスラエル』
　（幻冬舎，2010年）
④高橋真樹『イスラエル・パレスチナ平和への架け橋』（高文研，2002年）
⑤高橋真樹『僕の村は壁で囲まれた─パレスチナに生きる子どもたち』
　（現代書館，2017年）
⑥高橋和夫『世界の中の日本（'15）』（放送大学教育振興会，2015年）
⑦高橋和夫『パレスチナ問題（'16）』（放送大学教育振興会，2016年）
⑧高橋和夫『現代の国際政治（'18）』（放送大学教育振興会，2018年）

 チャイ・ハーネ　南極の領土問題

◎南極は大陸

　地球の回っている軸の一番南の点と地表面が交わる点が南極点である。地球の一番南にある。その周辺に大陸が広がっている。その面積は，1,300〜1,400万平方キロメートルで日本の36〜37倍の広さがある。オーストラリアよりも広い。南極は氷の大陸とよばれ，厚い氷に覆われている。その下に陸地がある。南極は豊かな漁業資源で知られているが，漁獲は国際協定で制限されている。また地下資源の存在も推定されているが，開発は行われていない。

◎クレイマントとノン・クレイマント

　南極に探検隊を送った国や，南極に近い国々が，その一部の領有を過去に主張した。イギリス，フランス，アルゼンチン，オーストラリア，ニュージーランド，ノルウェー，チリの7カ国である。しかし，各国は1959年にワシントンで南極条約を結んだ。この条約は，日本，アメリカ，イギリス，フランス，ソ連（ロシア）など12か国により署名された。現在48カ国が，この条約に加盟している。この条約で各国は，南極への領有権の主張を「凍結」した。寒冷地の南極にふさわしい対応であった。従って，この条約が南極の領土問題が深刻になるのを阻止している。

　この条約は，各国をクレイマントとノン・クレイマントに分類する。前者のクレイマントは，南極に対して領有権を主張する国々である。具体的には，既に述べたイギリス，ノルウェー，フランス，オーストラリア，ニュージーランド，チリ，アルゼンチンの7カ国がクレイマントである。それ以外の国々が後者のノン・クレイマントである。ノン・クレイマントは，自らの領土権を主張しないと同時に他国の主張も否定している。アメリカ，ロシア，日本，ベルギー，南アフリカなどの大多数の国々である。また，ノン・クレイマントの中でも，アメリカとロシアは，現状では領土権を主張していないが，将来に関しては過去の活動を根拠に領有権を主張する権利を留保している。

　南極条約は，クレイマントとノン・クレイマント双方の立場の違いを認めつつ，対立を表面化させずに共通の関心事項について対処するための枠組みである。この条約は，南極圏の軍事利用，圏内での核爆発，放射性廃棄物の処理の禁止などを定めている。

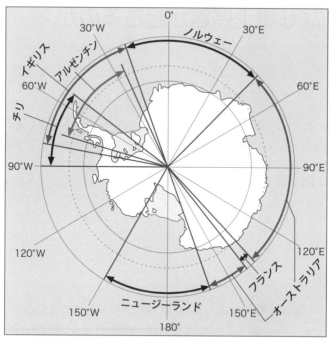

各国のセクター主義による南極圏に対する領有権主張

◎セクター主義

　もし南極条約による領有権主張の凍結が解除されると，主張はどうなるのだろうか。領有権の主張の根拠の一つとなるのは，発見と先占そして実効支配である。つまり早く南極に探検隊を送り，そこに基地を作り，人間を生活させた国が，その地域を領有する権利があるとする議論である。もう一つ南極と北極に特有な議論がある。セクター主義である。南極圏に隣接する国の領土の東西の端と南極点を結びその間の全ての領域は，その国に属するという主張である。もちろん，どちらも国際社会の多数の支持を得ていない。

10 | なぜ領土問題が起こるのか？

《目標＆ポイント》 領土問題の発生の背景には，国境線と民族分布の不一致がある。また多民族国家が崩壊した場合の複数の民族による同じ土地の奪い合いなどがある。戦争は，必ずしも領土問題を解決しない。
《キーワード》 オスマン帝国，イラク，クルド人，旧ユーゴスラビア，パレスチナ問題

1. 民族

　民族の分布が国境と一致していない場合は，領土問題が起こりがちである。パシュトゥーン人とクルド人の例で説明しよう。まずパシュトゥーン人の問題である。アフガニスタンの最大民族であるパシュトゥーン人は，国境を越えてパキスタンにも生活している。アフガニスタンのパシュトゥーン人の間には，パキスタンのパシュトゥーン人を含む国家を作ろうとする運動がある。これをパシュトゥーニスタン運動と呼ぶ。ちなみにスタンとかスターンはペルシア語系の言語で，「〜人の土地」とか「〜人の国」を意味している。したがって，ウズベク人の土地であればウズベキスタン，タジク人の国であればタジキスタンと呼ぶ。

　さて，このパシュトゥーニスタン運動は，パキスタンには迷惑である。国民と国土の一部が自国を離脱し，隣の国と一緒になるという考えに，パキスタンは同意できない。アフガニスタンとパキスタンの間には，こ

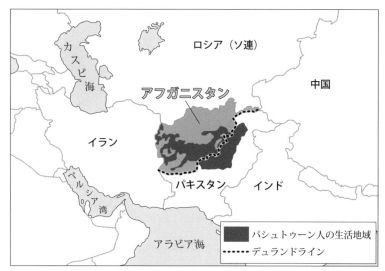

国境線によって引き裂かれたパシュトゥーン人の生活空間

のパシュトゥーニスタン運動をめぐって常に緊張関係が存在する。

　なぜ，このような民族と国境線の不一致が起こったのだろうか。それは，かつてイギリスがインド亜大陸，つまり現在のインドとパキスタンを支配していた時代に，アフガニスタンと現在のパキスタンの国境線を引いたからであった。パシュトゥーン人の希望ではなく，イギリスの都合に合わせて国境線が引かれた。その証拠に，この線にはデュランド・ラインというイギリス人の名前がついている。これが現在に至るまでの領土問題の背景にある。世界には，このように大国の利害によって引かれた国境線が多い。そして一つの民族が国境線によって引き裂かれると，それが領土問題を引き起こす。

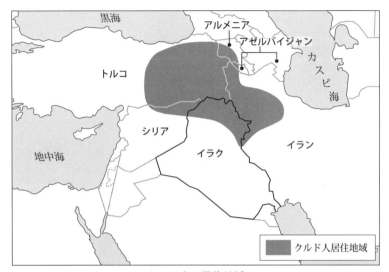

クルド人の居住地域

　次にクルド人の例を語ろう。第一次世界大戦後に中東の現在の国境線が引かれた。この線引きでイラン，イラク，トルコ，シリアなどの国境線が確定した。この国境線がクルド人の生活空間を切り裂いた。クルド人は独自の文化と言語を持つ集団で，民族としての自覚を深めつつあったが，第一次世界大戦の処理の過程で国家を与えられなかった。その結果，各国で少数派となった。しかし，各国のクルド人口を合計すれば3,000万人を超えるだろう。クルド人自身は，その人口を4,000万人と主張している。クルド人の自らの権利を求める闘争は，関連諸国に弾圧され，また利用されてきた。例えばイランは，イラクのクルド人の運動を支援して，イラクを弱めようとした。イラクは，その逆を行った。それぞれの国では自国のクルド人を弾圧しながらである。クルド人問題は，民族問題と領土問題が外交問題に発展した典型例であろう。

2. 多民族の住む地域

　民族問題と領土問題を複雑にするのは，一つの民族だけが住んでいるのではない土地の場合である。二つ以上の民族が生活している土地は，どちらの民族の国家の領土となるべきであろうか。複数の民族が同じ土地の領有を主張すれば，それが領土問題を引き起こす。かつては民族主義の時代以前には，人々は民族などという考え方にとらわれずに混ざり住む例が多かった。と言うよりは，そもそも民族なる考え方が，存在しなかった。例えば南ヨーロッパのバルカン半島である。そこではイスラム教徒，ユダヤ教徒，キリスト教徒などが平和に暮らしていた。ところが，そこに民族主義という考え方が入ってきた。そうするとイスラム教徒はムスリム人になり，キリスト教のギリシア正教徒はセルビア人，カトリック教徒はクロアチア人になり，それぞれが同じ土地を自分の領土だと主張し始めた。民族紛争とも宗教紛争とも見える。しかし，実は土地争いであった。そして特定の領土を支配した民族は，他民族を皆殺しにしたり，追放したりした。これを「民族浄化」と呼ぶ。「浄化」という言葉に反して，実際はおぞましい虐殺と大量の追放であった。かつてユーゴスラビアと呼ばれた国家で1990年代に発生した悲劇であった。このユーゴスラビアばかりでなく，ソ連の崩壊後にも同じように領土紛争が起こった。このように多民族国家の崩壊は領土問題を引き起こしがちである。

　多民族の住む土地が宗教的な聖地であったりすると対立はもっと厳しくなる。その例が中東パレスチナのエルサレムである。ここはユダヤ教，キリスト教，イスラム教の三つの宗教にとっての聖地である。イスラエルというユダヤ教徒が多数の国が，この都市を支配し，この都市に住む

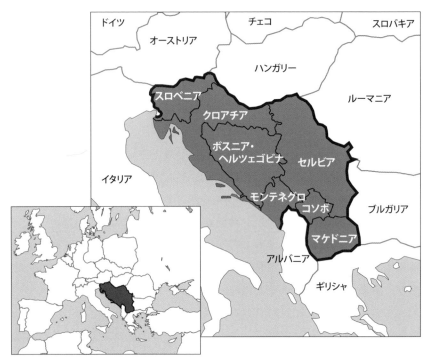

分裂後の旧ユーゴスラビアの地図（右上）。白ヌキ文字は現在の国名。左下の地図は，ソ連崩壊以前のヨーロッパ地図に示した旧ユーゴスラビア（太線で囲まれた地域）の位置。

ユダヤ教徒の数を増やし，キリスト教徒やイスラム教徒の数を減らそうとしている。キリスト教徒やイスラム教徒の反発は強く，聖地エルサレムは争いの土地となっている。

　もう一つの例としてクルド人の話に戻ろう。1990年にイラクがクウェートに侵攻した。そして，1991年にアメリカなどが湾岸戦争を始めて，イラクをクウェートから追い出した。この敗戦で政権が揺らいだの

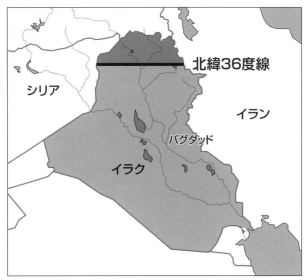

イラク北部の飛行禁止空域

を見て，イラク北部のクルド人が反乱を起こした。しかし，イラク政府軍が，攻勢に出た。クルド人は敗れた。敗れたクルド人が難民としてトルコに流入を始めた。トルコは難民の流入を望まなかった。そのトルコの要請を受ける形でアメリカ軍などが介入した。具体的にはイラク北部の上空を飛行禁止空域に指定して，この空域でのイラクの航空機の飛行を禁じた。イラク空軍の動きを封じてクルド人を助ける目的であった。同時にトルコの空軍基地からアメリカ空軍などがイラク北部上空を飛行して，飛行禁止を監視した。

この結果イラク北部はイラク政府の力の及ばない地域ができた。クルド人は，この1991年から実質上の独立状態にあった。そして2003年にイラク戦争でフセイン政権が倒れると，北部のクルド人は，自治地域を

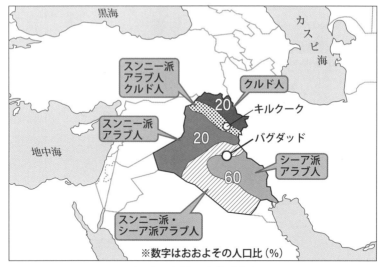

イラクの民族・宗教別分布

正式に成立させた。イラク国家の枠組みの中にはあるものの，強い力を持った自治政府が誕生したわけだ。問題は，この自治政府の支配の及ぶ範囲である。イラク北部でクルド人ばかりでなくアラブ人も住んでいる地域がある。クルド人の自治政府の支配下に入るべきか，それとも中央政府の支配下に残るべきか。線引きの問題が起こっている。

所属をめぐって対立が厳しいのがキルクークという都市である。この都市にはクルド人，アラブ人，そしてトルコ系のトルコマンと呼ばれる人々が生活している。しかも，その地下には世界でも最大級の石油が眠っている。この都市を誰が支配すべきか。資源と民族問題が混ざり合って，対立を厳しくしている。キルクークはイラクのエルサレム問題である。しかもクルド人はイラク国家そのものから離脱と独立を望んでいる。

3. 戦争

　民族主義の時代以降の戦争による国境線の変更，つまり領土の一つの国家から他の国家への移動は，領土問題の原因となってきた。この領土問題が，しばしば戦争を引き起こしてきた。しかし，戦争によってある国が領土を自分のものにしても，領土を奪われた国は納得せず，領土の奪回のための戦争を準備する。また国家間を移動した領土の住民も，新しい国家の一員となることを，潔(いさぎよ)しとせず，抵抗する場合も多い。

　1871年の戦争でドイツがフランスから奪ったアルザス州とロレーヌ州の例を引こう。1871年にフランスとプロシア（ドイツ）が戦争をしてプロシアが圧勝した。プロシアは，フランスからアルザスとロレーヌ

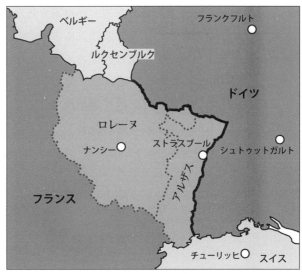

アルザスとロレーヌの位置。太い線が現在のフランスとドイツの国境

の二つの州を奪った。またプロシアは，この勝利を機に，それまで幾つも存在したドイツ人の諸国家を統一してドイツ帝国を成立させた。

しかし，土地を奪われたフランスは恨みを抱いた。アルザスとロレーヌの奪回がフランスの怨念(おんねん)のようになった。そして第一次世界大戦でドイツが敗れるとアルザスとロレーヌはフランスに戻った。しかし，第二次世界大戦が始まり 1940 年にドイツがフランスを打ち破ると，両州は再度ドイツの支配下に入った。ところが，結局はドイツが第二次世界大戦に敗れるとアルザスとロレーヌは，もう一度フランスに戻った。

このような例から判断すると，戦争は通常は領土問題の解決をもたらさない。単に領土問題を引き金とする次の戦争を準備するだけである。

4. 農業資源としての領土

農業用地としての土地を求めての戦争が過去から繰り返し戦われた。第二次世界大戦で敗れる前の日本では「満蒙は日本の生命線」というスローガンが使われた。満州（現在の中国の呼び名では東北地方）と蒙古（モンゴル）は，日本にとって生きるか死ぬかを決めるほど重要であるとの議論である。その重要性の大きな部分は，農業用地としてであった。日本国内の過剰な人口を吸収することが期待されていた。日本の農村から多くの人々が中国大陸に渡った。

こうした豊かな土地を求めて，生活空間を求めて，そうした土地を自らの領土，あるいは，それに近い存在にしようとしての戦争の例は，日本が起こした中国に対する戦争に止まらない。

例えばドイツが第二次世界大戦を起こした背景には，ドイツ人の生活

圏という考え方があった。具体的にはドイツ人の国家が東ヨーロッパに領土を広げるという考え方であった。ポーランドやウクライナの豊かな農地をドイツの支配下に置くという狙いであった。

5. 漁業資源と領海

　海の支配は，漁獲高に直結する。第二次世界大戦での敗戦までは，日本はオホーツク海での漁業を独占していた。特にカニ漁は，資本家に大きな利益をもたらした。しかし，第二次世界大戦後はソ連そしてロシアが千島列島を支配するようになると，この豊かな海域での日本の漁業は大きな制限を受けるようになった。北方領土の周辺は，豊かな漁場として知られており，この問題に絡む大きな経済的な要素である。

　沿岸国は，自国の漁業を守るために領海の幅を広げる傾向がある。そして領海の外側に漁業専管水域とか排他的経済水域を主張するようになった。これが，遠洋漁業に漁業船団を送る国との間の摩擦を引き起こす。

　日本の場合は 12 海里の領海を宣言している。漁業に関しては，遠洋に漁船団を送っているが，同時に日本の近海で中国や韓国の漁船が活動している。ひとつには近海での漁業を守るために，日本は領海の外に排他的経済水域を設定した。この排他的経済水域は海岸線から 200 海里に及んでいる。つまり，12 海里の領海の外側に 188 海里の幅で排他的経済水域が広がっているわけだ。二つ以上の国の間の海が広くない場合は，沿岸から 200 海里の排他的経済水域を両国が主張すれば，主張の海域が重なり紛争となる場合が多い。

海域が，もっと狭い場合には領海の主張が重なり合う。問題は，もっとやっかいである。ギリシアとトルコの領有する島々の群在するエーゲ海の領海問題が，そのやっかいな例である。

6. 海底資源

排他的経済水域という言葉は，その海域を経済的に開発する権利は沿岸国にのみあるという主張である。経済的な利益は，漁業であり，そして海底資源の開発である。例えば，具体的には石油と天然ガスの開発である。具体例を上げよう。ペルシア湾の北岸に位置するイランと南岸に位置するカタールの間の海底には巨大なガス田が広がっている。カタールはそのガスの開発を進めてきた。しかし同じガス田であるので，カター

カタールとイランの間のペルシア湾海底に広がるガス田（右上の地図）。
左下の地図はアラビア半島におけるカタールの位置

ルが開発を進めれば，イランの取り分が少なくなる可能性がある。潜在的なカタールとイランの対立の要因である。人口260万の小国カタールが人口8,000万のイランと対立するのは辛い。カタールは保護者の必要を覚えた。そこでカタールは，アメリカとの関係を深め，巨大なアメリカ軍基地を受け入れてきた。イラク戦争の際に現地司令部の役割を果たした基地である。

7．オスマン帝国

　この章で幾つかの領土問題を取り上げた。その内の三つの地域，イラク，パレスチナ，そしてバルカン半島は，いずれもかつてはオスマン帝国（1299－1922）が支配していた。そして，いずれの地域も比較的安定していた。もちろん，それは民族主義という情念が燃え盛る以前の時代ではあったのだが。それでも現代の指導者たちは，オスマン帝国の支配層に比べると，はるかに稚拙（ちせつ）であると言わざるを得ない。現代人は，オスマン帝国が示した多種多様な人々を包容するという叡智（えいち）から学ぶべきであろう。領土問題や民族問題を振り返ると歴史を学ぶ意義を再認識させられる。

年表	
1299年－1922年	オスマン帝国
1871年	プロシア・フランス（普仏）戦争
1939年	第二次世界大戦始まる
1940年	ドイツのフランス占領
1945年	第二次世界大戦終わる
1990年	イラクのクウェート侵攻
1991年	湾岸戦争
2003年	イラク戦争

演習問題

1. 何度も戦争を戦ったフランスとドイツの和解は，なぜ可能になったのだろうか。
2. パレスチナ問題以外に，宗教紛争として言及される問題には，何があるだろうか。

参考文献

①川嶋淳司（他）『一瞬でわかる世界と日本の領土問題』(日本文芸社，2011年)
②高橋和夫『アラブとイスラエル／パレスチナ問題の構図』(講談社現代新書，1992年)
③高橋和夫『なるほどそうだったのか！！パレスチナとイスラエル』(幻冬舎，2010年)
④高橋和夫『現代の国際政治（'18）』(放送大学教育振興会，2018年)
⑤高橋真樹『イスラエル・パレスチナ平和への架け橋』(高文研，2002年)
⑥三浦徹『イスラーム世界の歴史的展開（'11）』(放送大学教育振興会，2011年)

 チャイ・ハーネ　解決した領土問題

　解決して領土問題が領土問題でなくなる例も皆無ではない。国際司法裁判所という国連の機関の決定を当事国双方が受け入れて解決した領土問題がある。また，裁判所を経由せずに，当事者同士の交渉でまとまる例もある。最近の例を紹介しよう。

　2011年3月北極圏のバレンツ海の分割に関してロシアとノルウェーの間の争いが解決した。バレンツ海に対しては両国が排他的経済水域であると主張し，両者の主張が広い範囲にわたって重なっていた。バレン

ツ海は石油と天然ガスの存在する「おいしい」海なので，対立は1970年代から続いていた。両国は争ってきた海域を二等分するという妥協に達した。なぜ，この時期に妥協が成立したのだろうか。紛争があれば，多額の投資を必要とする開発に企業が二の足を踏むからである。問題を決着させて早期に開発の利益を実現したいという計算が双方に働いたのだろう。テクノロジーの進歩で開発の可能性が高まったという事実が，両国を妥協へと動かした珍しい例である。

　もう一つロシアの例をあげよう。ロシアと中国は世界で一番長い4,000キロ・メートルの国境線で接している。これまで国境をめぐって両国間で争いがあった。関係の悪かった1969年には，国境を成すウスリー川に浮かぶ川中島のダマンスキー（珍宝）島で両国の軍隊が衝突し

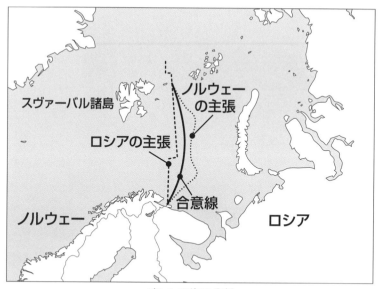

バレンツ海の分割

た。両国は戦争寸前にまで近づいた。しかし，1990年代から交渉が進み2004年には，国境が画定された。中国とロシアの間で領土問題が無くなった。

　解決する領土問題があるという事実に勇気づけられる。それでは，どういう場合に領土問題の解決が可能なのであろうか。おおまかに言って，対立している二つの政府の力が国内的に安定し，妥協しても国内での強い批判にさらされない。これが，最低限の条件になるだろう。国内的に安定した政府にしか対外的な妥協は行えない。

11 | 日本の領土問題

《**目標＆ポイント**》 日本が抱える「領土問題」には，北方四島問題，竹島問題，尖閣諸島問題，沖ノ鳥島の問題がある。海上で他国と国境を接する日本の領土問題は，領海問題の側面を強く持っている。日本の排他的経済水域は広大で，これを含めると，日本国は広い。
《**キーワード**》 北方四島，竹島，尖閣諸島，沖ノ鳥島，領海，接続水域，排他的経済水域

1. 領土問題

　日本はロシアとの間に領土問題を抱えている。日本では，これは北方領土問題として知られている。1945年に日本がポツダム宣言を受諾した直後に，ソ連軍が千島列島に上陸し次第に南下して国後(くなしり)，択捉(えとろふ)，歯舞(はぼまい)，色丹(しこたん)の四島まで制圧した。日本は，この四島は固有の領土であるとして抗議を続けたが，ソ連による支配が続いていた。そしてソ連が崩壊した。その後継国家のロシアは，第二次世界大戦の結果として「獲得した」領土の返還には応じないとしている。これは，第二次大戦の戦後処理の結果として出てきた領土問題である。戦争が領土問題を解決しない例でもある。

　韓国との間には竹島の問題がある。第二次世界大戦後の1950年代に韓国が，人員を派遣して占拠し，今日に到っている。日本の立場は竹島は日本の固有の領土であり，韓国による竹島の支配は，国際法に違反している。日本は国際司法裁判所に判断を仰ぐように提案したが，韓国は

拒絶している。高まる韓国の民族主義からすると，仮にも裁判で敗れるような事態は容認できないからであろう。

さらに日本と中国の間に尖閣諸島の問題がある。沖縄本島と台湾の間に存在する尖閣諸島に対する領有権を中国や台湾が主張し始めたのは1970年代に入ってからである。日本の立場は，尖閣諸島は日本が支配しており，国際法的に見ても，何の問題もない。つまり領土問題は存在しない。中国や台湾の動きの背景にあるのは，尖閣諸島周辺の海域の漁業資源と，海底の資源であろう。テクノロジーの進歩で海底資源の開発が可能になったので，とげとげしくなった問題である。テクノロジーの進歩がもたらした領土問題とも分類できる。

沖ノ鳥島の問題は興味深い。これは日本と中国そして韓国の争いであるが，領有を争っているわけではない。日本の領土である。誰も，これに異議を唱えてはいない。ただ一方で，日本はこれを島であると主張している。従って島の周辺に日本の排他的経済水域が設定できるとしている。他方で，これに対して沖ノ鳥「島」は，島ではない。岩に過ぎない。従って日本の排他的経済水域は設定できないと中国と韓国は主張している。つまり領有ではなく，島か岩かが争われている。

2. 領海

この排他的経済水域とは何だろう。どう領海と違うのだろうか。海の領有をめぐる国際法は，どうなっているのだろうか。前の章との繰り返しを恐れず整理しておこう。

領土の周辺の海を自国の支配の及ぶ領海だとする考え方は伝統的に存在した。難しい表現を使えば，領海には主権が及ぶ。主権とは誰にも従

属しない権利である。海に面している沿岸国の主権の及ぶ海域の部分は，どこまでだろうか。かつては多くの国が3海里と主張した時代もあった。もちろん，もっと広い領海を主張した国もあった。1海里は約1,852メールである。従って5,556メートルになる。これは，かつて大砲の弾が届く距離だとされた。しかし大砲が大きくなれば，弾の飛ぶ距離も伸びる。テクノロジーが国家の領有権主張の範囲を広げた例である。現在では12海里(約22キロメートル)を領海と主張する例が多い。領海における沿岸国の主権は，領海の上空，海底及び海底の下にまで及ぶ。漁類などの生物資源の利用や海底鉱物資源の採掘に関する独占権を有する。

3. 排他的経済水域

　領海の外側に自国の経済的な権益を広げようとする動きが第二次世界大戦後に広がってきた。最初は，非沿岸国の漁民を排除しようとの動きであった。先頭を切った国の一つは北大西洋に位置するアイスランドであった。伝統的にはアイスランドはタラなどの漁業に依存していた。しかしながらイギリスの遠洋漁業船団がアイスランド周辺で操業しアイスランドの漁民の生活を脅かした。アイスランドはイギリス漁船を排除しようとした。1950年代にアイスランドは自国民だけが漁業に従事できる海域を12海里に広げると宣言した。こうした海域を漁業専管水域と呼ぶ。そしてアイスランドは，1970年代初めに専管水域を50海里にまで広げた。さらに1970年代中半には，200海里までを主張した。こうしたアイスランドの動きに対して，イギリス海軍が艦艇を派遣して自国漁船を保護した。これをタラ戦争と呼ぶ。最初は国際社会はアイスランドの主張に懐疑的であった。しかし，やがて他の国々も広い漁業専管水域を主張するようになった。振り返ってみれば，アイスランドの動きが排他的経済水域という考え方を定着させる上での海の一里塚であった。

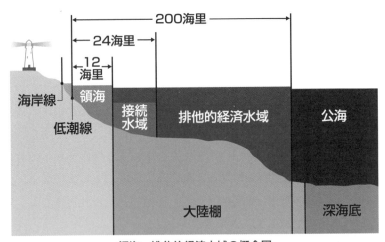

領海，排他的経済水域の概念図
〔出典：海上保安レポート 2011〕

　やがて海底での採掘技術が進歩すると領海の外で石油や天然ガスが開発されるようになった。漁業以外でも沿岸国は，外国の進出を排除するようになった。その結果，領海の外側に漁業と海底開発の両方の権利を沿岸国が独占する領域が排他的経済水域として設定されるようになった。技術の進歩を反映して各国は，排他的な経済水域の拡大を狙っている。各国の主張が，ぶつかり合い領土（領域）問題が多発している。この排他的経済水域の外側にあって，どの国の排他的経済水域でもない海域が公海となる。

　日本は狭く小さな国だとの認識が広く抱かれている。しかし，本当にそうだろうか。確かに陸地だけを見ると日本の領土は 38 万平方キロメートルに過ぎず，世界での順位は，数え方にもよるが 60 位前後である。しかし日本が独占的な開発の権利を主張する排他的経済水域などを含め

ると，その国「土」は10倍以上に広がり465万平方キロメートルとなる。排他的経済水域の広さでは，アメリカ，ロシア，オーストラリア，インドネシア，カナダに次ぐ世界第6位である。

　この広大な水域は日本の通商路として重要であるばかりでなく，貴重な漁業資源の宝庫である。さらに海底の地中にはエネルギー資源などが眠っている。既に東シナ海においては，天然ガスの開発を巡り中国と対立が生じている。

　ちなみに海岸線から200海里の海域を排他的な経済水域として主張するのが通例である。対岸に外国の領土があり，両者の海岸の間が400海里以下であれば，その中間線までが，それぞれの排他的経済水域になる。前にも述べたように1海里は約1,852メートルである。従って200海里は370,400メートル，つまり370.4キロである。例えば日本が島として領有権を主張する沖ノ鳥島の周囲に広がる排他的経済水域は40万平方キロメートルを超え，既に引用した日本列島の面積38万平方キロメートルを上回る。日本が守るべき水域は広い。この途方もない広がりを，いかにして守るべきか。日本外交に課された試練である。

　なお日本を含め各国は領海の外側に接続水域を主張し，そこで犯罪の防止などの措置を取る場合がある。

4. メタンハイドレート

　この日本の領海と排他的経済水域には，メタンハイドレートや海底熱水鉱床などの資源の宝庫が眠っている。海底の高圧そして低温の条件下でシャーベット状になったメタンハイドレートと呼ばれる物質が日本列

日本の排他的経済水域の広がり
〔出典：海上保安庁のホームページ http://www1.kaiho.mlit.go.jp/
JODC/ryokai/ryokai_setsuzoku.html より〕

日本の国「土」
〔出典：海上保安庁のホームページ http://www1.kaiho.mlit.go.jp/JODC/ryokai/
ryokai_setsuzoku.html より〕

国土面積	約38万 km^2
領海(含：内水)	約43万 km^2
接続水域	約32万 km^2
排他的経済水域(含：接続水域)	約405万 km^2
延長大陸棚*	約18万 km^2
領海(含：内水)＋排他的経済水域(含：接続水域)	約447万 km^2
領海(含：内水)＋排他的経済水域(含：接続水域)＋延長大陸棚*	約465万 km^2

*排他的経済水域及び大陸棚に関する法律第2条第2号が規定する海域

燃焼するメタンハイドレート
〔写真提供：メタンハイドレート資源開発研究コンソーシアム〕

島周辺の海底に広がっている。このメタンハイドレートにはメタン・ガスが含まれている。メタン・ガスはエネルギー資源として役に立つ。このメタンハイドレートが，約5万平方キロメートルにわたって日本の領海と排他的経済水域の海底に広がっている。

その三分の一が回収できたとすると，日本のエネルギー消費を6年以上も賄える。また日本の天然ガス消費の42年分の熱量になる。さらに，その価値は120兆円になる。エネルギー輸入国である日本にとっては，見逃せない資源である。

政府は2009年に海洋エネルギーの開発計画を作成した。これによると資源量の調査，技術開発，環境調査などを踏まえて，2019年頃には商業的な開発を始めたいとしている。

世界的に見ると，沿岸に近い海底や極地の凍土などにメタンハイドレートが存在している。メタンハイドレートは，降り積もった有機物から成っている。そのエネルギーの総量は世界の天然ガスのエネルギー総量をはるかに上回っている。つまり，天然ガス以上の資源が世界の海底

などに広がっているわけである。その1割が回収されるだけでも世界の天然ガス消費を30年以上も賄える。開発技術では日本が世界をリードしている。また国際協力も進んでおり、日本とカナダの共同試掘が行われている。さらにはアラスカ州政府との共同研究も計画されている。新たなエネルギー資源を求めて、世界が海底をのぞき込んでいる。

5. 海底熱水鉱床

　海底火山の付近に豊富な金属を含有した「海底熱水鉱床」の存在が知られるようになった。海底熱水鉱床は、海底の火山活動や熱水活動に伴い形成された鉱床で、高温・高圧下で大量の金属成分が含有されている。推定では日本の領海と排他的経済水域には、約200の海底熱水鉱床が存在する。

　その200箇所に7.5億トンの資源が眠っている。そのうちの4.5億トンが回収可能とされているが、その中に含まれる資源の量を日本の消費量と比較すると、銅成分は約16年分、銀と鉛は、それぞれ約180年分、亜鉛は約240年分に相当する。加えて4,000トンの金の回収が期待される。その価値は総額で80兆円になる。

　現在までに伊豆・小笠原海域と九州・沖縄・尖閣諸島周辺海域で11カ所の海底熱水鉱床が確認されている。海底熱水鉱床には海底火山の活動が関わっている。平たく言えば火山が多く、地震の多い海域に、この宝の山（海）が眠っている。地震大国日本は、この面では海底資源大国でもある。

海底熱水鉱床の開発に世界が目を向けている。南米のチリ沖イースター島の海域，北米カリフォルニア沖，パプア・ニューギニア沖，アイスランド沖などで発見されている。いずれも地震の震源地として知られる海域である。

　南アフリカの世界的なダイヤモンド会社のデビアスなどが出資するベンチャー企業が設立されている。なおデビアスは水深300メートル以下

海底熱水鉱床
〔写真提供：海洋開発研究機構〕

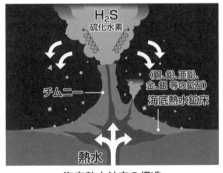

海底熱水鉱床の構造

海底熱水鉱床の分布

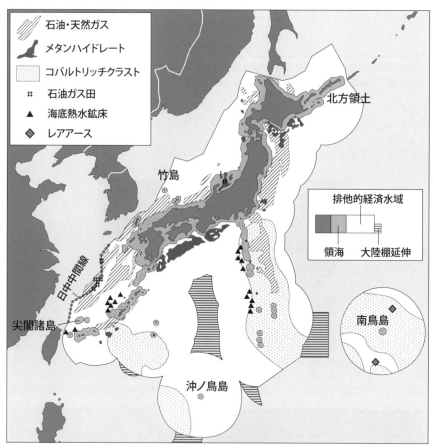

日本周辺の海底資源

〔出典：経済産業省「海洋エネルギー・鉱物資源開発計画」(2013年12月) などから作成〕

ながら既に海底でダイヤモンドを採掘している。韓国，中国，インドなども開発に参入しようとしている。 こうして見ると，島が重要なのは，島の土地そのものよりも，その島を足場に周辺に排他的経済水域を設定できるからである。

第 11 章　日本の領土問題 | 157

年表

1945 年	ソ連が北方四島を占領
1952 年	韓国の李承晩宣言，日本海の広い海域を韓国の漁業専管水域に指定し，その中に竹島を取り込む
1970 年代	尖閣諸島の領有権問題が先鋭化

演習問題

1．陸上で国境を接するのと，海上で国境を接するのでは，どのような違いを国家の行動に与えるだろうか。
2．海外旅行の際に陸上の国境を通過してみよう。

参考文献

①川嶋淳司（他）『一瞬でわかる世界と日本の領土問題』(日本文芸社, 2011 年)
②高橋和夫『世界の中の日本（'15)』(放送大学教育振興会, 2015 年)

 チャイ・ハーネ　国際司法裁判所

　国際連合の機関の一つである国際司法裁判所は，紛争の当事国の双方が同裁判所の判断を受け入れると同意した場合のみ利用される。つまり，一方が国際司法裁判所の利用を拒否すれば，この裁判所は役に立たない。竹島の問題で日本は，国際司法裁判所へ提訴したいのだが，韓国が拒否して問題は動いていない。つまり国内では裁判に訴えられれば，訴えられた方は裁判所から逃げるわけには行かない。ところが国家は，

そのつもりなら最初から国際司法裁判所を無視できるのである。これが国内の裁判所と国際司法裁判所との違いである。

それでは，こんな裁判所が役に立つのだろうか。記録を見ると相当数の領土問題が国際司法裁判所の判決によって解決している。2001年の「カタールとバーレーンの間の海洋境界画定および領土問題に関する事件」の判決やシンガポールとマレーシアの間のペドラブランカ島の領有権の争いに関する判決などが解決例である。後者の場合にはシンガポールの領有権を国際司法裁判所が認めた。そしてマレーシアが判決を受け入れた。

いずれも比較的に知名度の低い問題ばかりである。つまり余り重要でなく，裁判で敗れたとしても国民感情を刺激する可能性が低い場合には，政府は安心して問題を国際司法裁判所の判決に委ねることができる。国際司法裁判所を使う余裕が出てくる。

しかし，ひとたび民族主義的な感情が燃え上がると，政府は国際司法裁判所を避ける傾向が出てくる。裁判での負けは，政治的に受け入れ難くなるからだ。つまり，重要な問題でなければ，国際司法裁判所が役に立つ。

なお国際司法裁判所はオランダのハーグに置かれている。15名の裁判官から構成されている。

12 | 北方領土問題

《目標&ポイント》 日本とロシアの双方の主張を知る。
《キーワード》 国後(クナシリ),択捉(エトロフ),歯舞(ハボマイ),色丹(シコタン),二島返還論

1. 何が問題なのか？

　北方四島とは,北海道の東北の海上に浮かぶ国後島,択捉島,色丹島,歯舞群島を指している。日本では北方領土としても言及される。北海道に一番近いのは歯舞群島で,根室半島の納沙布岬(ノサップ)の沖合い 3.7 キロメートルに位置する。歯舞群島を構成するのは,貝殻島(かいがらじま),水晶島(すいしょうとう)などである。感覚的には北海道から目と鼻の先である。

　これら北方四島の中で面積が最も広いのは,択捉島の 3,184 平方キロメートルである。そして国後島の 1,498.8 平方キロメートル,色丹島の 253.3 平方キロメートル,歯舞群島志発島(シボツトウ)の 59.5 平方キロメートルと続く。北方領土の総面積は 5,036 平方キロメートルになる。これは沖縄県の面積 2,276 平方キロメートルの倍以上である。豊かな自然が残されており,火山島である国後と択捉には温泉もある。

　また北方領土の周辺の海域で,親潮の千島海流と黒潮の日本海流がぶつかり,タラバガニ,サケ,マス,エビ,ニシン,昆布,スケソウタラなどの世界でも有数な漁場を形成している。

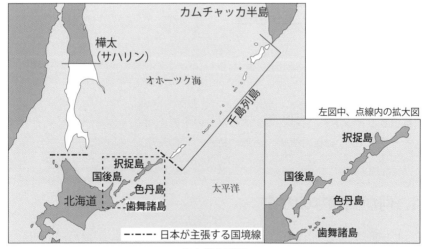

北方領土地図

　この四島が1945年にソ連軍によって占領された。そして生活していた日本人は，財産を没収され追放された。その総数は17,000名以上であったと推測されている。日本は，自国の領土であるとして四島の返還を求め続けている。しかし，ソ連は同意しなかった。そして,1991年にソ連が崩壊してロシアとなった現在も，その状態が続いている。この領土問題が日露間の関係推進を阻害している。

2. 北方四島の歴史

　この問題に対する日本の立場を理解するために，その歴史を振り返っておこう。そもそも，この地域は先住のアイヌの人々の生活空間であった。当時，蝦夷地と呼ばれた北海道を松前藩が統治するようになったのは,1600年代の初めであった。松前藩は先住の人たちと交易を行っていた。同藩の記録によれば先住民からラッコの毛皮が贈られたので，藩主

は，それを幕府に献上している。1618年に北海道にやって来たキリスト教の宣教師がローマに送った報告書によれば，「アイヌが毎年100隻もの交易船でやってくるが，交易品の中にはラッコの毛皮が入っている」とある。松前藩は，米，酒，タバコ，ウルシ製品，鉄製品などとの交換に，毛皮や海産物などを入手していた。そして1754年には松前藩は，国後島に交易のための施設を開いた。

松前藩は，この地域を調査し，1635年に現在の北方四島を含む地図を作成している。また1644年にも江戸幕府が北方四島を明記した地図を作成している。ちなみにロシア人が，この地域の地図を最初に作成したのは，松前藩の地図より，100年以上も遅い1739年であった。さらに松前藩は，1790年に南樺太（サハリン）に根拠地を建設した。

松前藩の影響力が北上すると，この方面へ南下してきたロシアの勢力と接触することになった。ロシアの影響力の伸張を意識し，幕府は1785年に調査団を送り，国後島，択捉島などの地図を作った。また1798年に択捉島に「大日本恵登呂府」の標識を立てた。そして1799年には，この地域を幕府の直轄地とし，役人を常駐させたり，百名単位の守備隊を置いたりした。守備隊を提供したのは津軽藩と南部藩であった。また，この頃に日本人が，この海域に航路を開いたり漁場を開拓したりした。

つまり日本は，ロシアに先んじて北方四島を発見し調査し開拓し遅くとも19世紀初めには四島の実効的支配を確立していた。実効的とは実質上という意味である。

サハリン（樺太）には日本とロシアの両方が進出した。江戸時代に幕

府の命を受けた間宮林蔵が樺太を探検し，1808年に樺太とユーラシア大陸を隔てる海峡を発見した。これが間宮海峡と呼ばれるようになった。つまり，この発見によって樺太が島であることを日本人は知った。もちろん，この「発見」は日本人にとっての発見であり，先住の人々は，この事実を以前から知っていたであろう。しかし先住の人々は国家を持っていなかった。日本は樺太南部の開発に尽くした。しかし，ロシアの力が樺太の北部で強くなると，日本とロシアは樺太での衝突を避けるために，1875年に千島列島と樺太を交換する条約を結んだ。これによって樺太全島がロシアの領土となった。代わりに千島列島の全てが日本の領土となった。

その後，日本とロシアは1904年から1905年にかけて日露戦争を戦った。日本が勝利を収めた。この戦争の戦後処理を定めたのがポーツマス条約である。ポーツマスは交渉の舞台となったアメリカの大西洋岸の港町の名前である。この条約の結果，ロシアは樺太の南半分を日本に渡した。

この地域に日本人が移り住むようになり，一時期には，その数は40万人に達した。また日本の法律に従うことを条件に希望するロシア人には残留が認められた。中心都市は現在のユジノサハリンスクで，日本統治時代は豊原と呼ばれていた。現在でも，ここには日本時代の建物などが多く残されている。

なお南樺太は1945年にソ連に占領され編入された。日本は，南樺太の領有権は放棄したので，これは問題とはなっていない。第二次世界大戦中に多くの日本人男性が徴兵されたので，韓国（朝鮮）人男性と結婚

した日本人女性が多数いた。当時は同じ日本国籍であった。その多くが，夫と共に南樺太に残留した。2002 年に南樺太で筆者は，そうした高齢の日本人女性の話を聞く機会があった。ソ連支配下で，それなりの生活を送り，子どもたちを大学に送ったりしたとのことであった。また夫たちが亡くなり，日本人妻たちは老人ホームで日本人としてのアイデンティティーを維持して生活していた。日本の衛星テレビを見るのが楽しみということであり，驚くほど現代的な日本語を話してくれた。

　1945 年に北方四島がソ連軍に占領されると，駐屯していた日本軍の将兵はシベリアに送られた。また 1947 年から 1948 年にかけて既に触れたように 17,000 名以上の日本人が北方領土から追放された。世帯数にすると 3,000 以上である。今の言葉で言えば民族浄化が実行されたわけだ。元島民は大半が北海道や東北地方で生活している。漁業関係の仕事についた人が多い。また政府は事業資金や生活資金を低い利子で提供して，元島民の生活を支援してきた。1958 年の調査では，大半が四島へ帰りたいとの思いであった。住民台帳や不動産の記録は北海道の根室市などが保管している。

　第二次世界大戦後，四島の周辺の海域でロシア（ソ連）に多数の日本漁船が拿捕されてきた。ソ連時代だけでも，1,000 隻以上の船と 8,000 人を越える漁民が拿捕された。ロシア側に捕まると乗組員が 1～2 ヶ月抑留された。船長は，さらに長く抑留された。船が没収されると，漁民の生活は大きな打撃を受けた。さらに 1977 年ソ連が，200 海里の漁業専管水域を設定した。その際に北方領土の周囲 200 海里も，その漁業専管水域としたので，この海域での日本の漁業は，苦しくなった。

日本人を追放した後に，四島へロシア人が移住した。現在の人口は17,000名ほどである。これは，かつての日本人の数とほぼ同じである。大半の物資が船で運び込まれるため，物価は安くない。生活は楽ではなさそうであった。2002年に筆者は国後島を船で訪問したが，まず大きな船が接岸できる港がなかった。また電力の供給も不十分であった。ソ連そしてロシア政府の支援は，決して十分ではなかった。そのため，ロシア人の島民は日本との交流による発展に期待を抱いた。日本は発電機を供与したりなどの人道援助を行った。また元島民と家族による墓参りなどで多くの日本人が四島を訪問した。

3．ソ連軍による北方領土占領の背景

日本の領有権主張の根拠をなす北方領土の歴史を足早に振り返った。次に，なぜソ連によって四島が占領されることとなったのか，その背景を論じたい。また四島をめぐる日本とロシアの交渉の経緯を押さえておこう。

1939年9月1日にドイツのポーランド侵略で第二次世界大戦が始まった。ドイツの攻撃で苦境に立たされたポーランドに対して同月17日にソ連が背後から攻撃を加えた。ドイツとソ連は同じ側に立って戦いポーランドを分割した。その翌年1940年9月，日本はドイツとイタリアと三国同盟を結んだ。さらに，その翌年の1941年4月に日本とソ連は中立条約を結んだ。ところが，その2カ月後の6月にドイツ軍がソ連に対する奇襲攻撃を開始した。この段階では，まだ日本は第二次世界大戦に参戦していない。日本が第二次世界大戦に参戦するのは，この年の12月であった。これによって第二次欧州大戦は，第二次世界大戦となった。ドイツ，イタリア，日本を中心とする枢軸国側とアメリカ，イギリ

ス，ソ連を中心とする連合国側の戦争であった。両陣営に分かれて戦いながら，日本とソ連の間には中立条約があるという奇妙な状況が存在した。

　戦況は1942年頃から連合国側に優勢に展開するようになった。この段階でアメリカはソ連に日本との戦争への参加を求め始める。それによって日本との戦争を早期に終わらせたいとアメリカのルーズベルト大統領は考えていた。既に見たように，日本とソ連の間に中立条約が存在していたので，ソ連に条約を破るように求めたわけだ。アメリカは，その見返りにソ連に千島列島を約した。この取引が，1945年2月のヤルタ会談で正式に成立した。この会談には，アメリカのルーズベルト大統領，イギリスのチャーチル首相，そしてソ連のスターリン首相の三人の首脳が出席した。ヤルタは，ソ連の黒海に面したクリミア半島のリゾート地である。現在はロシアとウクライナが，その領有を争っている。その背景を見ておこう。

　第二次世界大戦後に，クリミアはロシアからウクライナに譲渡された。ドイツの占領下に置かれた同大戦中のウクライナの苦労に報いるためであった。とはいえ，同じソ連内のことで，実質のない譲渡であった。ところがソ連が崩壊すると，ウクライナとロシアは別の国となった。クリミアはウクライナに残されたままであった。そのクリミアをロシアが2014年に武力で併合した。これが大きな国際問題となっている。

　さて，話を三首脳会談に戻そう。このクリミアでの密約を根拠としてソ連は，北方領土の占領を正当化してきた。日本の反論は，第一にヤルタ会談での密約はソ連とアメリカの間の約束であり，日本はそれには拘

束されない。第二に，ソ連が約束された千島列島には四島は含まれない。両島は歴史的に北海道の一部である。

　話が前後してしまった。第二次世界大戦に議論を戻そう。1945年5月にドイツが降伏した。その前にイタリアも降伏していたので，これで日本は，いよいよ孤立してしまった。そして第二次世界大戦も最終段階に入った。その2カ月後の7月，アメリカのトルーマン大統領とイギリスのチャーチル首相が宣言を発した。これがポツダム宣言である。宣言は，日本に無条件降伏を要求し，日本の領土を本州，北海道，九州，四国と連合国が決定する周辺の小さな島々に限定するとした。

　翌8月に日本は，この宣言を受け入れた。問題は，周辺の小さな島々に北方四島が含まれるかどうかである。日本の解釈は含まれる。ロシアの解釈は含まれないである。なおポツダムは連合国の首脳会談が開かれたベルリン郊外の都市名である。

　実際の四島の占領は1945年の8月から9月にかけて行われた。まず1945年8月8日にソ連は中立条約に違反して敗北寸前の日本に宣戦を布告した。当時は，日本人が満州と呼んでいた中国の東北地方と，朝鮮半島の北部に侵入した。日本人の多くが不快感を持って振り返る事件である。そして前に触れたように同8月15日に日本はポツダム宣言を受け入れた。そして8月28日から9月3日にかけて北方四島にアメリカ軍がいないのを確認しつつソ連軍が上陸した。「アメリカ兵はいるか？」この質問を島民にしつつ，ソ連軍が四島を占領した。

1951年にサンフランシスコにおいて日本と48ヵ国が署名した平和条約が結ばれた。これが，サンフランシスコ平和条約である。1945年以降アメリカを中心とする連合国の占領下にあった日本が，この条約によって主権を回復した。同時に，この条約により日本は南樺太と千島列島を放棄した。しかし北方四島は放棄した千島列島には含まれない。これが日本の解釈である。

4．交渉の経緯

旧満州などで多くの日本兵が捕虜になり，ソ連に連れ去られ強制的に労働させられていた。日本国内では，こうした人々の早期の帰国を望む声が強く，当時の鳩山一郎首相（民主党の鳩山由紀夫元首相の祖父）への強い圧力となっていた。

1956年に日本とソ連は交渉に入った。しかし領土問題で両者の意見に対立があったので，平和条約の締結には到らなかった。そこで，とりあえず日ソ共同宣言によって外交関係を再開した。そして捕らわれていた日本人の帰国を実現した。また両国は平和条約に関しては交渉を続けることとした。さらにソ連は平和条約の締結時に歯舞と色丹の二島を返還すると約束した。しかし，その後に平和条約は結ばれず，返還も行われていない。

実は，この時に日本とロシアは歯舞と色丹の二島返還で合意しかかっていた。ところがアメリカのダレス国務長官が，国後島と択捉島を放棄してソ連領として認めるならば，アメリカは沖縄を自国領土として将来とも返還しないとの旨を日本に伝えた。当初は歯舞と色丹の二島返還での妥協を考えていた日本政府は，立場を変えた。国後と択捉両島を含む

四島の返還を要求し始めた。ソ連が，これに応じなかった。こうして，決着寸前であった日本とソ連の間の領土問題が棚上げされた。

その結果，日本とソ連は関係を改善できなかった。冷戦期にソ連と対立していたアメリカは，同盟国として日本を自分の側にしっかりと引き付けることができた。領土問題がトゲとなって，日本とソ連の関係を刺し続けたからだ。いずれにしろ，平和条約が結ばれていないので，二島は返還されていない。さらにソ連は，その後は「領土問題は解決ずみ」と立場を変えた。

1991年にソ連が崩壊し，ロシアとなった。1993年に，その初代の大統領のエリツィンが日本を訪れた。その際に日本とロシアは東京宣言と呼ばれる文書に合意した。その文書の中で，四島の島名を列挙して，この問題を「法と正義」を基礎として解決するという交渉の指針に合意した。

また2001年3月，森首相とプーチン大統領によりロシアのイルクーツクで両者が署名した文書が出された。イルクーツク声明と呼ばれる。その中で両国は，1956年の日ソ共同宣言が交渉プロセスの出発点を設定した基本的な法的文書であることを確認した。その上で，1993年の東京宣言に基づいて四島の帰属の問題を解決して平和条約を締結すべきことを再確認した。

こうして見ると，ロシアは少なくとも問題が存在する事実は認めている。また1956年の日ソ共同宣言に基づいて交渉するとも約束している。しかし交渉すると約束しただけで，実際に北方四島を返還するとは言明

していない。柔軟に聞こえるのは表面上の言葉使いだけだろうか。

5. ロシアの復活

　その後，交渉は動いていない。なぜであろうか。一つの解釈は，そもそもロシアには，その気がなかったからであろう。第二の説明は，ロシアと日本の力関係に変化があったからであろう。ソ連の崩壊直後は，ロシアは苦難の時期にあった。経済は混乱し，軍事力は低下していた。ロシアは日本の経済協力を必要としていた。これがエリツィン大統領の時代である。言葉だけでも柔軟にならざるを得なかった。

　ところがプーチン大統領の時代に入ると状況が変化し始めた。プーチンはエリツィンよりも，はるかに力の強い指導者である。その背景には，ロシア経済の復興がある。2000年にプーチンが大統領に就任した頃から世界のエネルギー価格が上昇し始めた。世界最大規模の石油と天然ガス輸出国であるロシアは，その恩恵を受けた。エネルギー輸出は莫大な収入をもたらした。

　経済は好況となり，プーチンの人気が高まった。プーチンは軍事力の再建とロシアの影響力の拡大に努めた。これが，プーチン人気をさらに高めた。アメリカと対抗した超大国ソ連時代を覚えている世代は，強いロシアの復活を歓迎した。若い世代もエネルギー輸出がもたらしたブームを喜んだ。経済的にも政治的にも，そして軍事的にも強くなると，民族主義感情が高まる。となると領土問題での譲歩は，非常に困難になる。第二次世界大戦でロシア人の血で勝ち取った土地を手放すのは人気の出る政策ではない。しかもロシアでも選挙がある。これも領土面での譲歩を難しくする。領土を手放すのは，有権者には不人気だからだ。

ロシア経済の復活は，日本との関係も変えた。もはや，かつてほどロシアは日本の経済協力を必要としていない。逆に日本はロシアのエネルギーを欲しがっている。発展する中国も同じである。ロシアは日本と中国を競争させることで，その立場をさらに強めた。結果は，領土問題の交渉の停滞である。ロシアにとっては，領土の返還の話を急いで進める必要などサラサラないからである。その証拠に2008年にプーチンの後継者として大統領に就任したメドベージェフは「第二次世界大戦の結果を見直すことは許されない」と明言している。さらに2010年に同大統領が国後島を訪問した。ロシア（ソ連）の最高指導者の初めての同島への上陸だった。さらに島の発展のために巨額の投資の計画を発表した。そして2012年，そのメドベージェフ大統領に代わり再度プーチンが大統領に就任した。

年表

1600年代	松前藩の北海道統治の始まり
1754年	松前藩は，国後島に交易のための施設を開く
1875年	日露間の千島列島と樺太の交換条約
1904年－05年	日露戦争
1939年－45年	第二次世界大戦
1939年9月1日	ドイツのポーランド侵略
9月17日	ソ連のポーランド攻撃
1940年9月	日本，ドイツ，イタリアの三国同盟の締結
1941年4月	日本とソ連が中立条約を結ぶ
6月	ドイツのソ連攻撃
12月	日本の第二次世界大戦への参戦
1945年2月	ヤルタ会談
7月	ポツダム宣言
8月6日	広島，原爆投下

8月8日　ソ連の対日宣戦布告	
8月9日　長崎，原爆投下	
8月15日　日本無条件降伏	
1951年　サンフランシスコ平和条約	
1956年　日ソ共同宣言	
1966年－1982年　ブレジネフ書記長	
1977年　ソ連が，200海里の漁業専管水域を設定	
1985年－1989年　ゴルバチョフ書記長，89年　大統領	
1989年－1991年　ゴルバチョフ大統領	
1991年　ソ連の崩壊	
1991年－1999年　エリツィン大統領	
1993年　東京宣言	
2000年－2008年　プーチン大統領	
2001年　イルクーツク声明	
2008年－2012年　メドベージェフ大統領	
2010年11月　メドベージェフ大統領が国後島を訪問	
2012年　プーチン，大統領に復帰	

演習問題

1．北方領土問題に関して日本の主張の一番弱い点は，どこだろう。
2．北方領土問題に関してロシアの主張の一番弱い点は，どこだろう。

参考資料

①岩下明裕（編著）『国境・誰がこの線を引いたのか』(北海道大学出版会，2006年)
②川嶋淳司（他）『一瞬でわかる世界と日本の領土問題』(日本文芸社，2011年)
③木村汎（監修）『イラスト北方領土100問100答』(人間の科学社，1991年)
④孫崎亨『日本の国境問題　尖閣・竹島・北方領土』(ちくま新書，2011年)
⑤百瀬孝『資料検証　日本の領土』(河出書房新社，2010年)

◇海上保安庁
　http：//www.os-dream.com/jcg/territory.html
　http：//www.kaiho.mlit.go.jp/info/books/report2010/html/honpen/p058_02_01.html
◇北方領土問題対策協会
　http：//www.hoppou.go.jp/index.html
◇北方領土復帰期成同盟
　http：//www.hoppou.gr.jp/highschool.pdf

　チャイ・ハーネ　テヘラン会談

　第二次世界大戦で連合国側の優勢が明らかになっていた1943年11月末から12月の初めにかけてイランの首都テヘランで連合国の首脳会談が開かれた。出席したのはアメリカのルーズベルト大統領，イギリスのチャーチル首相，そしてソ連のスターリン首相であった。三人は第二次世界大戦の戦略について大筋で合意した。その中で，ソ連が対独戦勝後の対日参戦を約束した。つまりテヘランは，スターリンが日ソ中立条約を破り日本を裏切ることを約束した場所である。その代償としてルーズベルトは，樺太の南半分そして千島列島をソ連が獲得することを認めた。この大筋の合意が1945年2月の連合国首脳によるヤルタ会談で正式に決定された。テヘランは北方領土問題の原点ともいえる場所である。

　会議中の11月30日が，チャーチルの69歳の誕生日であった。テヘランのイギリス大使館で，三首脳が出席して祝いの晩餐会が催された。ここで，記録によるとスターリンが「私の戦う友人ウィンストン・チャーチルへ」と乾杯の音頭を取っている。

このイギリス大使館には筆者も行った経験がある。駐テヘランのイギリス大使の招待を受けての訪問であった。広大な敷地の一角に大使公邸があり，そこでの夕食会に参加した。2002年に国際会議でテヘランに滞在中のことであった。イギリス大使館は，テヘランのバザールの近くにある。その敷地は，南北に約260メートル東西に180メートルというサイズである。サッカーのピッチでも縦68メートルで横105メートルしかない。計算してみるとサッカーのピッチが五つすっぽり入って，まだ余りの出る広さである。

　20世紀の初頭にイラン国民が憲法を求めて立ち上がった際には，シャー（国王）の弾圧を避けるために多数の市民がイギリス大使館に避難するという事件が起こった。その時に大使館の敷地に入った市民の総数が実に14,000人に達したとの記録が残っている。大使館の広さが想像できよう。

　館内は木々がうっそうと茂り，都心にあるとは思えないくらいである。イギリス大使館内に三人の首脳が会食をした古色蒼然としたダイニング・ルームも保存されていた。そこがイギリスの「チャーチル首相の席でした」などとのイギリス大使の説明を受けながら，日本人が食事をいただくのも奇妙な感覚であった。ここで日本に対する裏切りが，もしかしたら話題になったのかも知れないと想像したからである。

13 | 竹島問題

《**目標&ポイント**》 日本と韓国の双方の主張を知る。
《**キーワード**》 日清戦争，日韓併合，竹島，独島，李承晩ライン，日韓国交正常化

1. 何を争っているのか？

　竹島は島根県の隠岐諸島の北西157キロメートルの日本海に存在する。韓国の領土である鬱陵島（うつりょう）の南東の92キロメートルに位置している。韓国側は独島（ドクトあるいはトクト）と呼んでいる。

　この竹島（独島）は，東島（女島）と西島（男島）の二つの小島と，その周辺の89の岩礁からなり，総面積は0.21平方キロメートルである。これは東京の日比谷公園の1.4倍程度の広さである。日本の行政区分では島根県隠岐の島町に属する。二つの島は火山島であり，周囲は断崖絶壁となっている。また植生や飲料水には乏しい。

　もともとは無人島であったが，1952年に韓国が領有を宣言し，1954年から警備隊を常駐させている。つまり韓国が実際に竹島を支配している。しかしながら，竹島は日本の領土であり，韓国の行為は不法な占拠であるとの立場を日本政府はとっている。

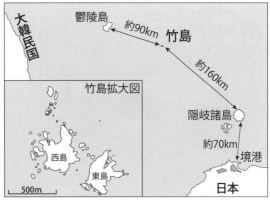

|竹島の位置　　　　周辺地域から竹島への距離|
〔出典：海上保安レポート2007年版，拡大図は国土地理院地形図から作成〕

　この島を誰が領有するかは，朝鮮半島と日本列島のそれぞれの民族主義感情にとって重要である。また島そのものは大きな経済価値を持たないが，その周辺の海域は豊かな漁場である。さらに，この島が，どの国に属すかによっては，その国は島の周辺の半径200海里の広大な水域を排他的経済水域として支配することとなる。広大な排他的経済水域は，広く豊かな漁場を意味する。1952年，韓国は李承晩ラインを一方的に設定して，その内側に竹島を取り込んだ。そして日本の漁船を，このラインの韓国側の海域から排除した。これが韓国による竹島の実効支配の始まりである。当初は日本政府は巡視船を派遣し，竹島に日本領土であるとの標識を立てた。しかし，韓国が武装した兵員を竹島に上陸させ，日本の巡視船に発砲するなどしたため，次第に日本の船は同島に近づけなくなった。また韓国は警察官を常駐させ，宿舎や監視所，灯台等を構築し実効支配を固めた。日本は抗議はしたものの，1965年の日韓漁業条約では，竹島の問題を棚上げにした。

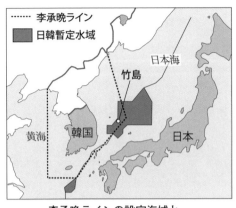

李承晩ラインの設定海域と，
1999年の日韓漁業協定による暫定水域

棚上げになったものの，もちろん問題は解決していなかった。問題に注目が再び集まるようになったのは1990年代である。背景には，海の利用に関する基本となる国連海洋法条約の発効があった。日本も韓国も署名している国連海洋法条約によれば，領海の幅は12海里，排他的経済水域の幅は200海里である。この両国の主張のぶつかり合う竹島に注目が集まった。1999年の日韓の新たな漁業協定でも，竹島の周辺海域は両国が共同管理する暫定的な水域という妥協が，はかられた。

　こうして韓国の実効支配，日本の抗議，さらなる実効支配の強化というサイクルが繰り返された。そのサイクルが生み出した波の中でも大きかったのが，2005年の事件であった。2005年4月，日本の海上保安庁が測量船による竹島周辺の海洋調査を行おうとしたところ，韓国側が激しく抗議した。調査を強行した際は，測量船を拘束すると宣言し，周辺海域に海軍艦艇や海洋警察庁の巡視船を集結させた。これに対して日本も，隠岐に巡視船を集結させ，海上自衛隊も訓練と称して日本海側の京都府舞鶴市に護衛艦を集結させた。こうした日韓の同島をめぐる対立の中で，韓国は竹島近海の洋上に海洋科学基地を建設する計画を発表した。そして2011年4月に，その基礎工事が現代社によって落札された。さらに2012年に韓国の李明博（イミョンバク）大統領が同島を訪問した。

2. 日本の認識

　竹島をめぐる対立を紹介した。それでは，そもそも竹島の歴史は，どのようなものなのだろうか。17世紀の初め，現在の鳥取県米子市の町人が江戸幕府の許可を得て鬱陵島に渡航し，アワビの採取，アシカの捕獲などに従事し始めた。隠岐から鬱陵島の途上にある竹島も注目されるようになった。まず航海の目標としてであった。そしてアシカやアワビの漁場としてであった。遅くとも江戸時代初期に当たる17世紀半ばには，日本は竹島の領有権を確立していた。当時，江戸幕府が竹島を外国領であると認識していたのであれば，鎖国令を発して日本人の海外への渡航を禁止した1635年には，竹島に対する渡海を禁じていたはずであるが，禁止していない。幕府が竹島を日本の一部と認識していたからである。

　20世紀に入ると，竹島でのアシカの捕獲が盛んになり，競争が激しくなったので，島根県隠岐の島民が，事業の安定をはかるため，竹島の日本領土への編入と10年間の貸し下げを政府に願い出た。1904年のことであった。これを受けて日本政府は1905年に竹島を日本領土に編入し，島根県の一部とした。また竹島の島名については付近の他の島との混乱などがあったが，編入と同時に現在の竹島を正式に竹島と命名した。こうした決定は，当時の新聞にも掲載され広く一般にも伝えられた。これを受けて島根県知事は，竹島を国有地として登録し，アシカの捕獲を許可制として。その後1941年（昭和16年）までアシカの捕獲が続けられた。

　第二次世界大戦後に日本を占領した連合国は，日本人の竹島とその周辺海域への出入を禁じた。そしてアメリカ軍の爆撃訓練場として竹島を

利用した。しかし，1951年のサンフランシスコ平和条約で日本が主権を回復すると，竹島は再び日本の施政下に戻るはずであった。なぜならばアメリカは竹島を日本の領土だと認識していたからである。

ところが1952年に韓国の大統領の李承晩は，日本海の広い海域を韓国の漁業専管水域に指定し，その中に竹島を取り込んだ。この海域を区切る線は李承晩ラインとして知られる。この点については，既に触れた。つまり，日本漁船を竹島を含む広い海域から締め出したわけだ。そして日本の漁船と，漁船を保護しようとする日本の巡視船に対する発砲などが起こり，日本側に死傷者が出た。その後に韓国は竹島に警備員を常駐させるなどの実効支配を固めてきた。

日本は，こうした韓国の行為に対して抗議を繰り返してきた。また竹島の島根県への編入100周年にあたる2005年に島根県議会が，2月22日を「竹島の日」とする条例を定めた。

3. 韓国の認識

6世紀に新羅王朝が独島を併合しており，この事実を多くの古文書が証明している。また江戸時代に日本で出版された書籍も独島を韓国領として認めている。そして1900年に当時の政府が勅令で独島を鬱陵島の管轄区域に入ると明記している。日本の独島は無主の地であったという議論は，こうした事実に反している。

1905年に日本政府は独島を無主の島であるとして日本領土に編入を決定した。しかし日本政府は，この島が韓国領であることを知っていたので，この決定を韓国政府に通報せず，また広く内外に知らせようとも

しなかった。政府の決定などは，通常は官報と呼ばれる政府の出版物にて内外に知らせる。ところが独島編入は官報には掲載されていない。島根県報に小さく記載したのみであった。つまり，日本の決定を内外に知らせる手続きは十分ではなかった。しかも，そもそも歴史的に韓国の領土であった独島を無主であるとして日本領土へ編入する決定は国際法の上では無効である。

　日本が「編入した」1905 年という年は，日露戦争の終わった年である。この戦争の後に日本は朝鮮半島を支配するようになる。竹島の編入は，その第一歩として韓国ではとらえられている。

　1906 年になって韓国政府は竹島の日本領土への編入の決定を知った。しかしながら，韓国は既に日本の保護国となっており，外交権を日本に奪われていたために，外交的に抗議することができなかった。1910 年に日本は朝鮮半島を植民地とした。しかし 1945 年に韓国は解放された。日本を占領統治していた連合国最高司令部は，独島を日本から除外し，日本の漁民が同島ならびに周辺 12 海里の海域に入るのを禁じた。1948 年に大韓民国（韓国）が樹立されると，それまで朝鮮半島の南半分を支配していたアメリカ軍から独島を引き渡された。今日に至るまで韓国が，合法的に実効的に独島を支配してきている。

　また独島の領有について国際司法裁判所の判断を仰ぐという日本の提案に対しては，以下のような反応である。つまり，韓国が独島を領有するという法的な事実は，確固たるものであり，何の疑いもない。従って国際裁判の対象とはならない。

4. 将来の構図

　現代の領土問題の核心はテクノロジーと民族主義である。テクノロジーの進歩が国家の管理できる範囲を広げてきた。そして各国の主張がぶつかり合う場面を増やしてきた。そして，民族主義という領土を神聖視する世界観が，領土をめぐる譲歩を著しく困難にしてきた。両者が交差している場面の一つが竹島である。

　1910年から1945年にかけて日本が朝鮮半島を支配していた。この過去が竹島問題を含む日韓関係に長い影を投げかけている。現在は過去の延長線上にあり，未来は現在の延長線上にある。となれば過去を無視して未来は語れない。この未来に，いかに竹島問題を位置づけるのか。朝鮮半島と日本列島の住民の叡智が問われている。

　両国における竹島に関する民族主義的な感情の高まりを考えると，この問題を解決する見通しは立たない。両者共に納得の行く解決案は見えない。これまで通りの，韓国の実効支配，日本の抗議という図式の延長が予想される。竹島は両国の民族主義にとって重要である。竹島問題で一方的な譲歩を行ったとみなされれば，その政府は次の選挙での苦戦は免れないだろう。

　しかし，竹島に関する主張は堅持しつつも，どちらの政府も日韓関係という非常に大きな枠組み全体を壊したいとは考えていない。それは多くの両国民も同じであろう。日韓両国は相互の立場の違いを認識した上で，関係を発展させて行く姿勢を保ちたい。

世の中に解決できない問題は多い。しかし，それでも歴史は動いてゆく。竹島問題も，そうした問題の一つである。竹島問題は，うずき続けるであろう。しかし，領土問題を日韓関係の大きな流れの中で相対化する努力と度量が両国民に求められている。

年表

1635 年	江戸幕府の鎖国令
1904 年-1905 年	日露戦争
1905 年	竹島の日本編入
1910 年-45 年	日本の朝鮮半島支配
1939 年-45 年	第二次世界大戦
1945 年 2 月	ヤルタ会談
7 月	ポツダム宣言
8 月 8 日	ソ連の対日宣戦布告
8 月 15 日	日本無条件降伏
	朝鮮半島の解放
1948 年	大韓民国（韓国）の成立
1951 年	サンフランシスコ平和条約
1952 年	李承晩ラインの設定
	韓国　独島（竹島）の領有を宣言
1954 年	韓国の警備隊が独島（竹島）に常駐開始
1965 年	日韓基本条約，日韓漁業協定
1999 年	日韓の新漁業協定
2005 年	島根県議会「竹島の日」を「制定」
2012 年	韓国の李明博大統領の竹島（独島）訪問

演習問題

1．竹島問題に関して日本の主張の一番弱い点は，どこだろう。
2．竹島問題に関して韓国の主張の一番弱い点は，どこだろう。

参考資料

①玄大松『領土ナショナリズムの誕生』(ミネルヴァ書房，2006年)
②ロー・ダニエル『竹島密約』(草思社，2008年)
◇鳥取市議会
　http://www.city.tottori.lg.jp/www/contents/1289783277956/activesqr/common/other/4d195d51002.pdf
◇独島歴史文化探訪
　http://www.clickkorea.org/Dokdo/Japanese/03_1.htm
◇「日本が教科書に何と書こうが独島は独島」
　http://japanese.joins.com/article/article.php?aid=138539
◇第015回国会　水産・法務・外務委員会連合審査会　第1号
　http://kokkai.ndl.go.jp/SENTAKU/sangiin/015/1076/01502231076001c.html
◇「日韓のトゲ，竹島問題を考える」
　http://www.pref.shimane.lg.jp/soumu/web-takeshima/takeshima04/takeshima04-2/takeshima04-n.html
◇「池内敏『隠州視聴合記』の決定的解釈」
　http://hide20.blog.ocn.ne.jp/mokei/2010/03/post_a546.html
◇『隠州視聴合記』の諸写本
　http://libst.nul.nagoya-u.ac.jp/pdf/libst_newsletter_12.pdf
◇竹島問題の概要
　http://www.mofa.go.jp/mofaj/area/takeshima/gaiyo.html
◇竹島は日本の領土です！
　http://www.pref.shimane.lg.jp/soumu/syucho.html
◇竹島問題
　http://www.mofa.go.jp/mofaj/area/takeshima/index.html

チャイ・ハーネ 『中央日報』紙の社説

　2011年3月末に日本の文部科学省が教科書検定の結果を発表した。3月11日の東北大震災の余震の続いていた時期である。検定結果によると地理や公民の教科書で竹島への言及が増えた。これに対して，韓国では反発があった。その一つである『中央日報』紙の論説を紹介しよう。同年3月27日号の社説の日本語訳がインターネットに掲載されている。

　中学社会科（地理・公民・歴史）教科書の大部分に「独島（トクト，日本名・竹島）は日本の領土」との主張が現行教科書より強化された形態だ，と日本での教科書検定の結果を紹介している。

　また検定結果の発表が，震災後の韓国の官民の日本への復興支援の直後であった点にも言及している。
　「東日本大地震直後という時期的な微妙さが重なるためだ。韓国国民は前代未聞の災害にあった日本に対し自発的支援を惜しまなかった。これは純粋に人類愛的動機に従ったものだった。長い傷の過去の問題もここには介入できなかった。従軍慰安婦被害者らが誰より先に日本支援に一肌脱いだ事実がこれを雄弁に語る。日本の大多数の国民と政府はそのような韓国民に心からの感謝を示してきた。テレビ画面で涙を浮かべ頭を下げた武藤正敏駐韓日本大使からわれわれは一寸の疑いも持つことはできない。玄界灘を行き来したこうした感情の交流は韓日関係が光復（独立）60年，修交40年を過ぎそれだけ成熟したという傍証でもある」

　それだけに検定結果に失望したと述べながらも，同時に「韓国政府と

国民も成熟した対応をしなければならない」と呼びかけている。さらに「人道的次元の支援と独島問題に対する対応がごちゃまぜになっても困る。災害にあった日本を助けたのは具体的な反対給付を望んでしたことではない」と続けている。「感情的に受け入れやすいことではないが」と前置きしながらも，落ち着いた対応を読者に呼びかけるトーンが貫かれている。

　問題への冷静な対応を求める声は玄界灘の北側にも存在するようだ。英語には agree to disagree という表現がある。意見の違いを互いに認め合うという意味だろうか。日韓の領土問題を含め外交関係を考える際には不可欠の発想である。

14 | 尖閣諸島

《**目標＆ポイント**》 日本と中国と台湾の，それぞれの主張を知る。
《**キーワード**》 沖縄返還，日中国交正常化，日中友好平和条約，海底資源

1. 何を争っているのか？

　沖縄と台湾の間に横たわる尖閣諸島は，魚釣島，南小島，北小島，久場島，大正島の 5 島と沖の北岩，沖の南岩，それに飛び瀬の 3 岩礁からなる。総面積約 6.3 平方キロメートルで，通常は無人である。石垣島から北西に約 170 キロメートルの地点に一番大きな魚釣島がある。沖縄本島からだと，西に 410 キロメートルの距離である。台湾から魚釣島までの距離は北東に 170 キロメートルである。魚釣島と中国大陸の間の距離は約 330 キロメートルである。日本は 19 世紀末に自国領土に編入し，行政的には現在の石垣市に含めてきた。ところが，1970 年代に台湾と中国が領有権を主張し始め問題化してきた。

尖閣諸島の位置

　尖閣諸島の周辺海域は豊かなカ

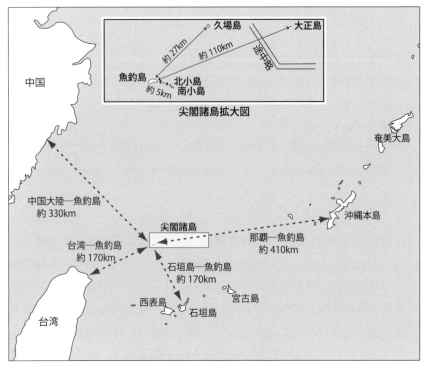

尖閣諸島と周辺諸地域の位置関係
〔出典：海上保安レポート2015年版〕

ツオやトビウオなどの漁場として知られている。この海域での漁業をめぐり対立がある。また尖閣諸島の周辺の海底に石油と天然ガスの埋蔵が確認されている。この海底資源を開発する権利は，尖閣諸島を領有する国家に属する。天然ガスの存在が尖閣諸島の領有の価値を引き上げた。具体的には，1968年に国連が海底調査を行い，台湾と日本との間に横たわる海底が「将来一つの世界的な産油地域になることが期待される」と発表した。その後1971年6月に台湾が尖閣諸島の領有を主張した。また同年12月に中国も同様の主張を行った。このタイミングを根拠に，

台湾と中国の主張の提起は，この報告書に刺激されたのではないか。との見方が日本では抱かれている。

　それはどのくらいの量の石油なのか。日本が 1969 年と 1970 年に行った調査は，約 1,100 億バレル，1980 年代の中国の推計は 700～1,600 億バレルとの数字を出している。中国の高めの推定が正しければ，世界第三位の埋蔵量を誇るイラクの 1,400 億バレル並の水準である。もちろん埋蔵量に関しては，異論もあるようだが，かなりの量という事実は動かない。世界有数の石油輸入国である中国と日本にとっては，この海域は魅力的である。

2. 日本の主張

　日本の明治政府は，尖閣諸島の現地調査を行い，二つの点を確認した。第一に尖閣諸島が無人の島であること。第二に当時の中国の支配王朝である清の支配が及んでいないこと。調査の結果を受けて明治 28 年，つまり 1895 年に日本政府は閣議で尖閣諸島の編入を決定し，領土であることを示す杭を建てるように沖縄県に指示した。誰よりも先に日本は，この諸島の領有権を主張したわけだ。これは，国際法では「先占」と呼ばれる。

　その後に日本人が移り住み，鰹節(かつおぶし)や海鳥のはく製の製造が行われた。魚釣島には，そうした施設や船着場の跡が残っている。

　第二次世界大戦後は，アメリカなどとのサンフランシスコ平和条約に基づき，尖閣諸島は南西諸島の一部としてアメリカの施政権下に置かれた。だが 1972 年 5 月に沖縄の日本復帰と同時に日本に返還された。

また日本の海上保安庁は尖閣諸島の周辺の海域に巡視船を常に配備している。また上空から航空機による定期的な監視も行っている。さらに，魚釣島には1988年に日本の政治団体が灯台を建設した。その後，この灯台は政治団体から漁業関係者に譲渡された。そして，その漁業関係者が灯台の所有権を放棄すると，灯台は国の財産となった。現在は灯台を海上保安庁が管理している。こうした事実から明らかなように，尖閣諸島は日本が実際に支配している。既に解説したように，これを国際法の用語で実効支配と呼ぶ。つまり尖閣諸島は日本が，先占し実効支配している。

　こうした根拠から尖閣諸島は日本の固有の領土であり，これは歴史的にも国際的にも疑いのない事実である。従って「領土問題」など存在しないというのが日本政府の見解である。

　さらに付け加えればアメリカ政府の公式な見解も，尖閣は日本の施政下にあり，日本の施政下に対しては日米安保条約が適用される。つまり，侵略を受けた場合にはアメリカ軍が日本と協力して防衛のために出動する可能性もある。この問題では第三者のアメリカも日本による尖閣諸島の実効支配という事実だけは少なくとも認めている。

3. 日本から見た尖閣諸島の歴史

　中国の古い文献が尖閣諸島に言及している事実は受け入れつつも，それは航海のための指標に使われていた事実を示すのみであって，中国が領有していたという証拠ではないというのが日本政府の立場である。

　1885年，古賀辰四郎という福岡県出身の実業家が，尖閣諸島に産卵

期のアホウドリが集まることを発見し，その羽毛を集めヨーロッパに輸出する事業を思いつき，政府に土地を借り受けたいと申し出た。そして政府の決定を待たずして，実は古賀は事業を開始した。

　無人島である事実を確認した後に日本政府は 1895 年に尖閣諸島を正式に自国の領土に編入した。行政的には沖縄県石垣市に含めた。前に言及した通りである。翌 1896 年に政府は古賀の申し出を許可した。古賀は尖閣諸島に多くの人を送り，海鳥の羽の採集，鰹節の製造，サンゴの採集，牧畜，缶詰製造，燐鉱の採掘などの事業に従事させた。一時期には古賀村と呼ばれるほどの人数が生活していた。こうした事業のための施設や船着場の跡が残っている。

　また 1920 年に中華民国政府の長崎領事が，中国から漂流した漁民 31 名が日本の尖閣諸島で保護され無事に帰国した件に対する感謝状を出している。これは，尖閣諸島が日本の領土だと中国が認めていた証拠と日本では解釈されている。

　第二次大戦の結果，沖縄がアメリカの占領下に入ったが，尖閣諸島も同時にアメリカの支配下に入った。そして，その後に沖縄が日本に復帰した際には，尖閣諸島も当然のように同時に日本の支配下に戻った。この点についても既に触れた。これに対して 1970 年代まで中国も台湾も何の抗議を行わなかった。これは，尖閣諸島の日本による領有を承認したことになる。また中国や台湾が尖閣諸島の領有を主張し始める前に中国や台湾で発行された地図類の多くは，尖閣諸島が日本領土であると示している。

1960年代末から尖閣諸島の周辺海域に豊富な石油資源が眠っているとの調査結果が知られるようになり，沖縄県には海底油田開発のための多数の申請が出された。だが同時に中国や台湾も開発に意欲を見せた。

4．中国の主張

中国大陸を支配する中華人民共和国政府と台湾を支配する中華民国政府は，中国は一つであり，台湾は中国に属するとの共通の立場を建前の上で取っている。また尖閣諸島の問題に関しては，両者の間に立場の違いは見られない。つまり台湾は中国の一部であり，尖閣諸島は台湾の一部である。

中国の領有権の主張の根拠の一つは，日本人が発見する以前に中国人が既に尖閣諸島の存在を知っていたという事実である。そして諸島に中国語の名前を付けている。これは，遅くとも16世紀つまり明朝期（1368－1644）以来の文献によって確認できる。

また1971年12月の中国の声明によれば，早くも明朝の時代には海上防衛区域に尖閣諸島は含まれていた。当時は日本人などによる倭寇つまり海賊行為が横行しており，明朝は沿岸と周辺海域の警備に力を入れていた。自国の領土であるとの認識が薄ければ防衛圏などに含めるはずがない。明朝が尖閣諸島を国土の一部とみなしていた証拠である。つまり尖閣諸島は，明代から既に「無主」の土地ではなく，中国が最初に発見し，命名し，地図に明記し，統治権を確立してきた。無人であったのは事実だが，それは生活環境が悪かったからに過ぎない。

中国の主張の根拠となる文献の多くは，中国から琉球（沖縄）に派遣

された使節たちの残した記録である。明そして清の時代に派遣された使節たちの記録によれば，中国と沖縄の両方の人間が，尖閣諸島を中国領と認識していた。

また日清戦争（1894年－1895年）の1年前に清の支配者の西太后が，盛宣懐という人物に薬剤の採取地として尖閣諸島の3島を与えるとの詔勅を出している。この詔勅も中国が尖閣諸島を自国領土と見なしてきた証拠である。

また江戸時代に仙台藩士の林子平が出版した『三国通覧図説』の付図が尖閣諸島を清朝（1644年－1912年）の即ち中国の領土のように扱っている。この本の初版は1785年に出されている。ちなみに，林子平は，この『三国通覧図説』と『海国兵談』を出版して，迫り来る列強の脅威に備えるため，各藩単位ではない日本国家としての防衛の重要性を説いた。幕府は，この林子平を処罰している。

また日本が尖閣諸島の自国領土への編入を決定した閣議決定であるが，これは対外的に公表されておらず手続きとして不備である。また日本の閣議決定に外国が縛られる必要もない。

さらに日本が尖閣諸島の編入の根拠とした先占という国際法の考え方に対しても反論がある。そもそも国際法というのは，欧米の列強がアジア，アフリカ，ラテンアメリカでの植民地獲得のための競争を規制するために発展してきた。そうした帝国主義の犠牲になった国々が，そのまま欧米人の作った国際法を受け入れねば成らない道理はない。国際法の先占という概念を，そうした立場から拒否する考え方も有力である。

また実効支配という概念にも疑問がある。実効支配とは実力で支配しているというだけのことで、それが支配の正しさを意味するものでは、もちろんない。もし、そうであるならば竹島を実効支配しているのは韓国であり、北方領土を実効支配しているのはロシアである。その両国の支配に対して日本は文句が言えなくなる。

地理的に見ても中国大陸の沿岸に広がる大陸棚の上に尖閣諸島は位置している。大陸棚とは陸地から穏やかな傾斜で広がる海底のことである。ちなみに、この穏やかな傾斜が急激な傾斜に変わる地点が海溝と呼ばれる。尖閣諸島の場合、中国大陸からつらなる大陸棚の一番端に位置しており、尖閣諸島から沖縄の方にさらに進むと大陸棚が終わり、海の深い海溝となる。

こうした歴史的な、また地理的な根拠から尖閣諸島(中国側の呼び名は釣魚島とその付属の島々)は、古来から中国固有の領土である。そして中国は争うことのできない主権を有している。

5. アメリカと周辺国

アメリカは沖縄を施政下においていた1971年までは、尖閣諸島の一部を射撃演習場にしていた。基本的には尖閣諸島の帰属は日本と中国と台湾の問題であるとして、関与しない方針である。ただ既に述べたように、日本が実効支配しているという事実は承認しており、日米安保条約の適用範囲に含まれると明確に表明している。

当事者の日本と中国と台湾以外の国々が口を出す問題ではない。しかしながら、同時に中国の周辺諸国が、強い興味を持って尖閣諸島をめぐ

る問題を見つめているのも事実である。というのは，こうした諸国も中国との領土問題を抱えているからである。

6. 今後の尖閣諸島

　領土問題は解決が難しい。日本にとっても，そして中国や台湾にとっても領土問題での譲歩は難しい。現在の日本は主権と実効支配を強調しつつ，しかし同時に尖閣諸島への日本人の上陸さえ抑制して中国や台湾への配慮を示している。中国や台湾も政府は自国領土との建前は主張しつつも，実際に実力で尖閣諸島における日本の実効支配を覆えそうとはしてこなかった。尖閣諸島に上陸した中国人も民間人であった。それぞれの外交当局は，問題を一定の枠の中に収め，日中関係あるいは日本・台湾関係そのものに尖閣諸島をめぐる対立が飛び火しないように，悪影響を与えないようにと努めてきた。尖閣諸島は重要ではあるが，日本と中国，そして日本の台湾の関係も，大変に重要であるからだ。それゆえ日本と中国は，この問題の存在にもかかわらず1978年には友好平和条約を結んだ。今後も，それぞれの国民の強硬姿勢を求める声にもかかわらず，こうした曖昧さを残した対応で，この問題と共存するのか。あるいは，実効支配をさらに実質的にするために，自衛隊員を常駐させるなどの措置をとるのか。その際には対中国，対台湾関係は緊張の度合いを高めるだろう。政府と国民の判断が求められている。留意しておかなければならないのは，こうした措置によって，尖閣諸島についての日本の決意は，より明確にはなる。しかし，中国や台湾の人々の考え方が変わらない限り問題は「解決」しない。

　この問題を考える際に意識しなければならないのが，中国の外交政策である。つまり，もし仮に軍事力の行使によって中国が尖閣諸島の占領

を試みるような事態になれば，日本との関係そのものを危うくする。また日米安保条約の適用範囲とされる領域での軍事行動は，アメリカとの対決すら引き起こしかねない。さらには中国の周辺諸国も中国に対する警戒を高めるだろう。中国が，それほどの代償を支払ってまで，尖閣諸島を実力で奪取しようとするとは，現段階では考えにくい。だが同時に中国が海軍力増強しており，長い目でみれば，この海域でアメリカ海軍と競うほどの実力を備える可能性も視野に入れておく必要がある。

いずれにしろ，見通せる時間的な範囲においては，尖閣諸島問題の解決はない。この問題と生きて行く覚悟を日本人は求められている。

年表

1635 年	江戸幕府の鎖国令
1368 年 – 1644 年	明朝
1785 年	林子平，『三国通覧図説』を出版
1894 年 – 1895 年	日清戦争
1895 年	日本，尖閣諸島を自国領土に編入
1904 年 – 1905 年	日露戦争
1905 年	竹島の日本編入
1910 年 – 45 年	日本の朝鮮半島支配
1644 年 – 1912 年	清朝
1920 年	尖閣諸島での漁民の救助に対して中華民国の領事が感謝
1939 年 – 45 年	第二次世界大戦
1945 年 2 月	ヤルタ会談
7 月	ポツダム宣言
8 月 15 日	日本無条件降伏
1949 年	北京に中華人民共和国政府成立
1951 年	サンフランシスコ平和条約

1971年6月	台北の中華民国政府が尖閣諸島の領有権を主張
12月	北京の中華人民共和国政府が尖閣諸島の領有権を主張
1972年5月	沖縄の日本復帰
9月	日中国交回復
1978年	日中平和友好条約
2010年9月	中国漁船が海上保安庁の巡視船に衝突
2012年9月	日本政府が島を購入

演習問題

1．日本が竹島を編入したのは1905年である。これは，日露戦争の終わった年である。日露戦争での日本の勝利と竹島の編入に関連はあるだろうか。
2．日本が尖閣諸島を編入したのは1895年である。これは，日清戦争が終わった年である。日清戦争での日本の勝利と尖閣諸島の編入に関連はあるだろうか。

参考資料

◇井上　清『尖閣列島』(第三書館，2012年)
◇海上保安庁
　http://www.kaiho.mlit.go.jp/info/books/report2005/tokushu/p018.html
◇井上　清
　http://www.mahoroba.ne.jp/~tatsumi/dinoue0.html
◇人民網日文版
　http://j.peopledaily.com.cn/2004/04/08/jp20040408_38369.html
◇尖閣諸島文献資料編纂会
　http://pinacles.zouri.jp/index.htm
◇尖閣諸島の写真と地図集
　http://senkakusyashintizu.web.fc2.com/page013.html#地積標柱01

◇自民党
　http://jimin-kochi.com/file/20101004.pdf
◇尖閣諸島をめぐる問題
　http://www.sangiin.go.jp/japanese/annai/chousa/rippou_chousa/backnumber/2010pdf/20101201021.pdf
◇新納義馬先生インタビュー
　http://pinacles.zouri.jp/bunken/niiro1.htm
◇尖閣諸島問題　日本の領有は歴史的にも国際法上も正当
　http://www.jcp.or.jp/seisaku/2010/20101004_senkaku_rekisii_kokusaihou.html

　チャイ・ハーネ　　尖閣諸島の住所

　沖縄県石垣市登野城23　これが尖閣諸島の5島の住所である。沖縄県の石垣市に属している。五つの島には390番地から394番地が付けられている。三つの岩礁には番地はない。もちろん郵便を出しても届かない。受け取る住人がいないからである。

　所有権に関しては，大正島は国有地であるが，他の4島は埼玉県に在住の民間人の所有で政府は賃貸料を支払って借り上げていた。賃貸料は年間2,450万円であった。

　現在、全ての島を日本政府が管理している。政府は，一般の上陸を許可しない方針で，海上保安庁の職員のみが灯台の保守のために上陸している。

　ただし領土問題に強い関心を持つ日本人が上陸した例はある。灯台そのものも，そうした人々の団体が建てたものを海上保安庁が管理するよ

うになった。また日本の政治家の一部も上陸した例がある。そして，もちろん中国人の活動家が上陸した例もある。

　2012年，石原都知事が東京都として尖閣諸島を購入する方針を発表して注目を浴びた。その後，日本政府が所有者から直接購入した。

15 沖ノ鳥島

《目標&ポイント》 島に関する海洋法を理解する。また沖ノ鳥島の持つ経済的な軍事的な価値を考える。
《キーワード》 国連海洋法条約，島か岩か，大陸棚

1. 島なのか岩なのか？

　日本が島と主張する沖ノ鳥島は，東京から南に約1,740キロメートルの海上に位置している。また小笠原諸島の父島から，およそ910キロメートル南西にある。そして沖縄とグアム島から，それぞれ1,100キロメートルの中間点にある。日本の最南端の位置にあり，日本では，唯一熱帯に属している。その広さは東西およそ4.5キロメートル，南北およそ1.7キロメートル，周囲およそ11キロメートルのサンゴ礁からなっている。海底山脈の上にサンゴが1,500メートル堆積して形成された礁である。その面積はおよそ5平方キロメートルで，これは東京ドーム107個分に当たる。サンゴ礁の中に東小島と北小島がある。東小島の面積は，1.58平方メートル，北小島の面積は7.86平方メートルである。つまり東小島は畳一枚程度，北小島も六畳よりも狭い。二つの周囲は直径50メートルのコンクリートで囲まれ，その周りにさらに鉄製のブロックがある。加えて東小島の上にはチタン製のネットがかぶせてある。チタンは，さびにくい金属である。

第15章 沖ノ鳥島 | 199

沖ノ鳥島
〔出典：海上保安レポート 2005 年版〕

　沖ノ鳥島の問題は領有権の問題ではない。つまり誰の物かという紛争はない。日本の物である。これに関して異義を唱えた国はない。しかし，対立は，沖ノ鳥島が「島」であるか「岩」であるかについてである。日本は沖ノ鳥島を島であると主張し，多額の費用をかけて島を守ってきた。しかし中国と韓国は，沖ノ鳥島は島ではなく岩であると反論している。島か岩かで，何が違うのだろうか。

　もし日本が主張するように島であれば，国連海洋法条約によって日本は沖ノ鳥島の周囲に排他的経済水域を設定できる。沖ノ鳥島の周囲には島がない。従って，沖ノ鳥島を中心とする半径 200 海里の円の内側の全てが日本の排他的経済水域となる。その面積は実に 40 万平方キロメートルを超え，日本列島の面積 38 万平方キロメートルを上回る。

　沖縄とグアムの間のこれだけの広い範囲が日本の排他的経済水域となれば，例えば，この水域での海底調査などは日本の許可が無ければ行え

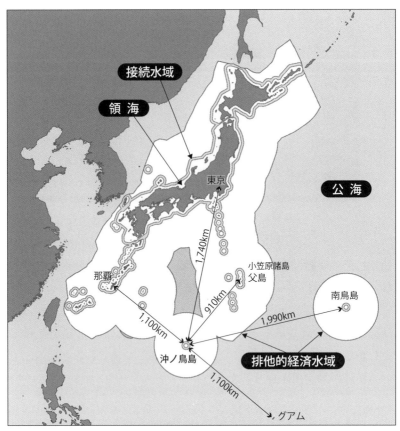

沖ノ鳥島の位置と日本の排他的経済水域
〔出典：海上保安庁のホームページ http://www1.kaiho.mlit.go.jp/JODC/ryokai/ryokai_setsuzoku.html 掲載の地図に一部加筆〕

ない。また沖縄県の沖大東島と沖ノ鳥島周辺の排他的経済水域はつながる。海底調査には軍事調査も含まれるとの見解が有力である。そうであるならば，この海域での海底の地形，水流，水温などの調査を日本の許可なく行うことができない。こうした潜水艦の活動に必要な情報を中国

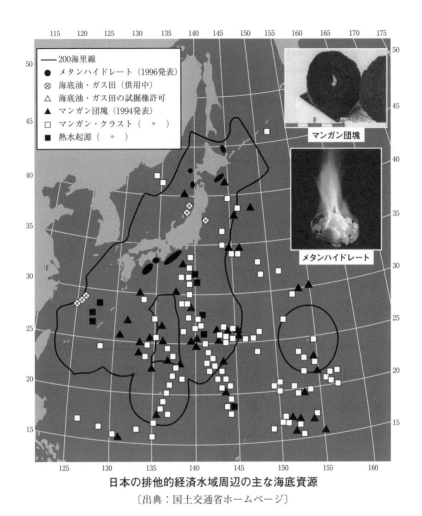

日本の排他的経済水域周辺の主な海底資源
〔出典：国土交通省ホームページ〕

海軍が望んでいると見られているので，沖ノ鳥島が「島」か「岩」かの問題には軍事的な意味もある。

この海域の経済的な重要性も見落とせない。沖ノ鳥島周辺の海底には

海底のコバルト・リッチ・クラスト（黒い葡萄状のもの）
〔写真提供：石油天然ガス・金属鉱物資源機構（JOGMEC）〕

マンガン・クラストと呼ばれる堆積物が存在している。そのマンガン・クラストの中でもコバルトの含有率が高いものが，コバルト・リッチ・クラストである。コバルト・リッチ・クラストには，コバルト，マンガン，ニッケル，プラチナ，レア・アース（希土類元素）などの経済的な価値のある物質が含まれている。もし回収できれば，途方もない額の経済的な価値になる。

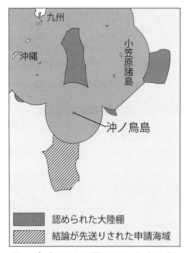

沖ノ鳥島周辺で認められた大陸棚

さらに国連海洋法条約では，海底の地形や地質が一定の条件を満たしていれば，排他的経済水域の，さらに外側であっても沿岸から最長350海里（約650キロメートル）の沖合まで大陸棚の限界が設定可能である。そして，こ

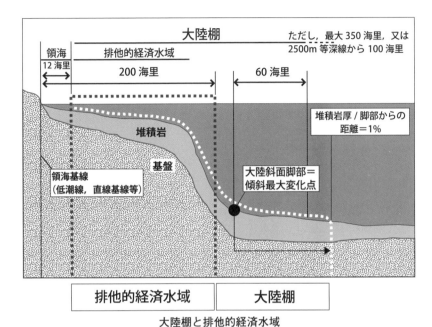

大陸棚と排他的経済水域

〔出典：海上保安レポート2006年から一部表現を修正〕

の大陸棚に沿岸国の排他的な権利が及ぶ。つまり排他的な経済水域が150海里分だけ拡大できるわけである。日本は，2008年11月に大陸棚の拡大の申請書を国連に提出した。もし認められれば，この拡大部分は日本の国土面積の約2倍に当たる総面積約74万平方キロメートルに当たる。沖ノ鳥島が岩であるか島であるかで，大変な違いを生むわけだ。そして2012年に，その一部が認められた。206ページの地図を参照されたい。

2．国際法は？

それでは，こうした議論の背景となっている国際法は，この場合は先

に触れた国連海洋法条約は「島」を，どのように定義しているのだろうか。1994年に発効した国連海洋法条約で島を定義しているのは，その第121条である。同条の第一項によれば，「島とは，自然に形成された陸地であって，水に囲まれ，満潮時においても水面上にあるものをいう」この条項に基づいて日本は沖ノ鳥島が「島」であるとの議論を展開してきた。

ところが同条の第三項は，以下のようにも述べている。「人間の居住又は独自の経済的生活を維持することのできない岩は，排他的経済水域又は大陸棚を有しない」この第三項に基づき中国と韓国は，沖ノ鳥島は「島」ではなく「岩」であると主張している。東小島にも北小島にも誰も生活していないからである。

しかも，同条の第二項は，もし岩であって島でなければ，周辺に排他的経済水域は設定できないと定めている。同条の第一項と第三項の解釈に日本の排他的経済水域40万平方キロメートルと，その周辺の大陸棚への権利がかかっている。

3. 東京都小笠原村沖ノ鳥島

沖ノ鳥島は，1931（昭和6）年に沖ノ鳥島と命名され東京都に編入された。住所は東京都小笠原村沖ノ鳥島である。水上飛行機の基地を建設したいとの海軍の意向を受けての編入であった。1939年に気象観測所と灯台の建設が始まった。しかし基礎工事が終わった段階で1941年に戦争のために工事は中止された。

第二次世界大戦後はアメリカの施政下に入ったが，1968年に小笠原諸

沖ノ鳥島の東小島
〔出典：海上保安レポート 2005 年版〕

島が日本に返還された際に日本の統治下に戻った。

　1980 年代に，護岸工事がなされた。自然の作用によって東小島と北小島が水没してしまわないようにである。地球温暖化による海水面の上昇によって，東小島と北小島が水没する危険が懸念されているからである。満潮時に水没してしまえば，前に引用した国連海洋法条約第 121 条第一項の島の定義を満たせなくなるからである。つまり満潮時にも水面上になければ島ではない。

　日本が領有を開始した 1930 年代には六つの「島」が満潮時でも水面上に顔を出していたが，現在では満潮時に「島」として残るのは既に触れたように二つしかない。しかも台風の通過の際には 17 メートルもの激しい波が起こる。

　しかし「島」を守るために，岩礁の上にコンクリートを積み重ねると人工島となる。それでは，前に紹介した国連海洋法条約第 121 条の求め

る「自然に形成された陸地」でなくなってしまう。そのため，工事は水没を防ぐための周りの護岸の建設と東小島の上のチタンのネットの設置に限定されている。護岸工事によって，東小島と北小島の回りにコンクリートがはられ，さらに，その周りに波の力を弱める鉄製の波消しブロックが配置されている。ネットが厳しい風雨から東小島を守っている。

工事は東京都と国の費用で1988年に始められ，護岸工事の他に，サンゴ礁の内側に観測施設と観測所基盤と呼ばれる構造物も建設されている。観測施設には灯台も設置されている。その費用は300億円であった。また設備の維持などには，1999年から国が年間2億円の費用を負担している。2011年から政府は，さらに大規模な工事を予定している。6年間の予定で750億円を投じての，海洋調査船などの大型船用の岸壁の建設を開始した。

年表	
1931年	日本，沖ノ鳥島を東京都に編入
1939年	気象観測所と灯台の建設開始
1939年-1945年	第二次世界大戦
1941年-1945年	太平洋戦争
1941年	日本の第二次世界大戦への参戦
1945年	アメリカの施政下に入る
1968年	小笠原諸島が日本に返還される
1980年代	護岸工事など始まる
1994年	国連海洋法条約の発効
2006年	沖縄県の阿嘉(あか)島でサンゴの育成実験始まる
2008年	日本，大陸棚の拡大を国連に申請
2012年	日本の大陸棚の拡大の申請の一部が認められる

演習問題

1. 沖ノ鳥島の以外に，岩か島かで議論のある場所が存在するだろうか。調べてみよう。
2. 独立行政法人　石油天然ガス・金属鉱物資源機構
http://mric.jogmec.go.jp/index.html のホームページなどで，深海における資源開発の現状を調べてみよう。

参考資料

◇高橋和夫『世界の中の日本』(放送大学教育振興会，2015 年)
◇さいとう・たかを『ビッグコミック別冊　ゴルゴ 13 シリーズ「消滅海域」』No 164（小学館，2009 年 1 月）
◇加地良太，「沖ノ鳥島をめぐる諸問題と西太平洋の海洋安産保障」
『立法と調査』(参議院事務局企画調整室編集・発行, 2011 年 10 月号，第 321 号，127〜144 ページ
http://www.sangiin.go.jp/japanese/annai/chousa/rippou_chousa/backnumber/2011 pdf/20111003127.pdf
◇国際連合
http://www.un.org/Depts/los/convention_agreements/texts/unclos/part8.htm
◇国連海洋法条約の条文については東京大学東洋文化研究所のホームページを参照のこと
http://www.ioc.u-tokyo.ac.jp/~worldjpn/.../19821210.T1J.html
◇沖ノ鳥島の歴史
http://www.sangyo-rodo.metro.tokyo.jp/norin/suisan/okinotorishima/history/index.html
◇日本財団
http://nippon.zaidan.info/seikabutsu/2004/00004/mokuji.htm
http://www.nippon-foundation.or.jp/ships/topics_dtl/2004788/20047881.html
◇独立行政法人　石油天然ガス・金属鉱物資源機構
http://mric.jogmec.go.jp/index.html

チャイ・ハーネ　<u>日本の秘密兵器</u>

　人気コミックの『ゴルゴ13』シリーズに「消滅海域」という話がある。ある中国人が沖ノ鳥島を消滅させようとするストーリーである。これを知った内閣官房の内閣情報調査室は、ゴルゴ13という射撃の名手に、その阻止を依頼する。中国人は、まず強い酸性液を流しサンゴを溶かそうとする。これが失敗すると次は機雷で、沖ノ鳥島を爆破しようとする。もちろんゴルゴ13は、流された機雷が目標に着く前に射撃で爆破し、これを阻止する。沖ノ鳥島は守られた。もちろん完全な作り話である。

　しかし、仮にも沖ノ鳥島が爆破されてしまえば、日本は周辺40万平方キロメートルへの排他的経済水域と、その外側の大陸棚への主張の足場を失ってしまう。そうした事実を背景にした話である。同時に、この広大な海域への排他的経済水域の主張が、猫の額ほどの広さの北小島と東小島に乗っかかっているという状況の危うさを反映したストーリーでもある。

　実際に日本政府が心配しているのは、テロではなく自然現象による水没である。激しい風、雨、波などによっての地形の変化が懸念されている。それゆえに、本章で述べてきたように、護岸工事が行われ、チタンのネットが設置された。また、地球温暖化などによる海水面の上昇も心配の種である。日本は、こうした自然現象から沖ノ鳥島を守る手段を持っているのだろうか。現在でも日本が島だと主張する北小島と東小島は、最高潮時には水面から70センチメートルほど顔を出しているに過ぎない。地球温暖化の脅威は深刻である。この脅威に立ち向かうゴルゴ13

沖縄県の阿嘉島で育てられているサンゴ（珊瑚）
〔2009 年 筆者撮影〕

は，いるのだろうか。

　こうした自然現象から沖ノ鳥島を守る秘密兵器が沖縄県の阿嘉島で育てられている。2006 年から，ここでサンゴ増殖技術とサンゴ礁再生技術の研究・実験が行われている。この島が選ばれたのは，沖ノ鳥島と気候などが比較的類似しているからである。沖ノ鳥島から持ち帰ったサンゴを飼育して産卵させ，得られた幼生を陸上施設で稚サンゴに育て，種苗を沖ノ鳥島に運搬して移植するという一連の研究開発が実施された。沖ノ鳥島と同じ水温，日照，水流などを再現した陸上の水槽の中でサンゴの養殖が試みられている。成長したサンゴを沖ノ鳥島に移植しようという計画である。サンゴの養殖技術が日本の領域防衛のための最新鋭の秘密兵器として注目されている。

索引

●配列は五十音順。　＊は人名を表す。

●あ　行

アイスランド　125, 127, 149, 155
アイヌ　160, 161
アイルランドの十字架　93, 94
阿嘉島　209
agree to disagree　184
アケメネス朝ペルシア　28, 39, 52, 58, 59, 61, 62, 64, 65, 67〜70, 74, 81
アザデガン油田　110
アシカ　177
アシール　80, 81
アッカド　79
アッシリア王国　69
アッバース朝　86
アッラー　15〜17, 43
アテネ　115
アービング・バーリン＊　29
アフガニスタン　52, 82, 88, 91, 98, 100, 132, 133
アフラ・マズダ　51, 54, 57, 58, 94, 99
アメリカ　17, 18, 30〜32, 36, 37, 41, 43, 47〜50, 67, 68, 74〜76, 80, 98, 109〜111, 115〜117, 125, 127, 128, 130, 136, 137, 143, 151, 162, 164〜169, 172, 177〜179, 187〜189, 191, 192, 194, 204, 206
アメリカ軍　111, 117, 137, 143, 166, 177, 179, 188
アラスカ州政府　154
アラビア語　14〜16, 38, 47, 50, 82, 117
アラビア半島　14, 38, 46, 78, 95, 112, 142

アラブ諸国　39, 113
アーリマン　51, 54, 57, 61
アルザスとロレーヌ　103, 139, 140
アルゼンチン　130, 131
アルバンド川　124
アレキサンダー大王＊　71, 74, 76, 80, 81, 84
アレキサンドリア　82
安史の乱　82, 84
安息日　26, 28〜30
安禄山＊　82
イエス＊　14, 16, 17, 20〜23, 25, 28, 62, 63, 78
イエメン　80
イギリス　20, 72, 97, 107, 125, 126, 130, 131, 133, 149, 164, 165, 166, 172, 173
イーサ＊　16
石垣市　185, 189, 196
石原都知事＊　197
イシュタル門　75, 76
伊豆・小笠原海域　154
イスカンダリーヤ　82
イスタンブール　19, 40, 50
イスラエル　21, 26, 27, 30, 33, 66, 71, 72, 74, 76, 80, 85, 87, 129, 135, 144
イスラエル王国　28
イスラエル交響楽団　99
イスラム教　13〜20, 24, 26, 28, 29, 38〜41, 43, 44, 46, 61, 64, 65, 70, 77〜79, 84, 86, 88, 95, 99, 112, 122, 123, 128, 135
イスラム教徒　15〜19, 34, 38〜44, 46,

47, 60, 63, 64, 71, 85, 87, 96, 112, 122, 123, 135, 136
イスラム世界　38〜40, 47, 82
イタリア　164, 166, 170
イタリア人　120
一党独裁　119
イベリア半島　18
李明博（イ・ミョンバク）大統領*　176, 181
EU（欧州連合）　69, 70
イラク　39, 46, 64, 66, 71, 72, 75, 76, 103, 124, 132, 134, 136〜138, 143, 187
イラク国立博物館　69
イラク北部　137, 138
イラン　15, 46, 52, 59, 60, 67, 68, 71, 75, 81, 89, 91, 96, 103, 110, 113, 124, 134, 142, 143, 172, 173
イラン・イラク戦争　103
イルクーツク　168
イルクーツク声明　168, 171
インディラ*　97
インド　34, 35, 41, 58〜60, 67, 72, 88, 96〜101, 127, 133, 156
ウクライナ　141, 165
ウズベキスタン　88, 89, 132
ウズベク人　132
鬱陵島　174, 177, 178
映画　24, 36, 117
映画『十戒』　14
エーゲ海　142
エジプト　14, 17, 26, 27, 33, 39, 44, 45, 59, 67, 79, 82, 83
エジプト帝国　27
蝦夷地　160
江戸時代　121, 161, 177, 178, 191

江戸幕府　161, 177, 181, 194
択捉　147, 159〜161, 167
エネルギー　103, 104, 108〜110, 113, 114, 124, 125, 151, 153, 154, 169, 170
エリツィン大統領*　168, 169, 171
エルサレム　16〜18, 21, 22, 28, 30, 33, 35, 64〜66, 70, 74, 80, 84, 85, 135, 136, 138
沿岸国　124, 141, 142, 149, 150, 203
遠洋漁業　125, 141, 149
黄金　22, 77, 78
桜美林大学　118
小笠原諸島　198, 200, 206
隠岐諸島　174
沖縄　148, 154, 159, 167, 185, 187, 189〜192, 195, 196, 198, 199, 200, 206, 209
沖縄の日本復帰　187, 195
沖縄返還　185
沖ノ鳥島　147, 148, 151, 198〜209
オーストラリア　129〜131, 151
オスマン帝国　18, 19, 38〜40, 46, 70, 132, 143
オバマ*　49, 50
オー・ヘンリー*　20
オホーツク海　141, 160
オマーン　112
お水送り　91, 92, 101
お水取り　91, 92, 101
親子どんぶり　32
親潮　159
オランダ　125, 158
音楽　24, 117

●か 行

貝殻島　159

階級闘争　83
海軍　104, 111, 112, 117, 149, 176, 194, 201, 204
『海国兵談』　191
海上自衛隊　111, 112, 176
海上保安庁　172, 176, 188, 195, 196
海賊　111〜113, 190
海底資源　142, 148, 154, 156, 185, 186, 201
海底熱水鉱床　151, 154, 155
海洋科学基地　176
海里　141, 149〜151, 163, 171, 175, 176, 179, 199, 202, 203
火焔仏　88, 92, 94
カザル王国　86
カザルの海　86
カタール　142, 143, 158
カドーリ一族（嘉道理家族）　73
カトリック教徒　135
カナダ　127, 128, 151, 154
カナート　91
「壁に囲まれた庭」　83
カマール・サリービー＊　80, 85
神棚　93
樺太（サハリン）　160〜162, 170, 172
カール・マルクス＊　83, 84
韓国　90, 103, 127, 141, 147, 148, 156, 157, 162, 174〜176, 178, 179, 180〜183, 192, 199, 204
ガンジー家　97
岩礁　117, 174, 185, 196, 205
カンダハル　82
官報　179
カンボジア　107, 116
企業集団　97

喜捨　43
北ヨーロツパ　94
基地　112, 114, 117, 127, 131, 137, 143, 204
救済論　51, 57, 77, 78, 82, 85
『旧約聖書』　14, 17, 27, 65, 79, 83
給油活動　111
旧ユーゴスラビア　48, 132, 136
キュロス円筒印章　66, 67, 74
キュロス革命　64
キュロス大王＊　38, 39, 61, 64, 65, 67, 69, 74, 76, 79, 84, 99
教科書検定　183
共和党　31, 49
漁業　124, 125, 129, 141, 142, 148〜151, 163, 175, 186, 188
漁業専管水域　141, 149, 157, 163, 171, 178
慶州（キョンジュ）　89, 90
ギリシア　13, 20, 67, 81, 83, 84, 115, 142
ギリシア正教徒　135
キリスト教　13〜29, 34, 36〜39, 48, 49, 62〜65, 70, 71, 77〜79, 83〜88, 93, 94, 99, 123, 135, 136, 161
『ギルガメシュ神話』　79
キルクーク　138
『欽定訳聖書』　20
グアム島　198
九一（くいち）　37
クウェート　136, 143
グジャラート地方　96
国後（クナシリ）　147, 159, 160, 161, 164, 167, 170, 171
「くに」　121

鞍馬寺　100〜102
クリスマス　28, 29, 93
クリミア半島　165
クルド人　132, 134, 136〜138
クレイマント　130
クロアチア人　135
黒潮　159
クロシュ　60, 66
黒船　121
軍事大国　108
クーン・ロブ商会　36
経済大国　103, 108
掛陵　89, 90
ゲーテ・インスティテュート　118
祆教　89
『賢者の贈り物』　20
玄奘*　88, 89, 100
賢人　20, 22
玄宗皇帝*　82
現代社　176
公海　150, 200
紅海　14, 26
黄岩島　117
航空母艦　104, 107
孔子*　59, 60, 61, 117〜119
孔子学院　117, 118
古賀辰四郎*　188
国際司法裁判所　144, 147, 157, 158, 179
国際法　147, 148, 179, 187, 188, 191, 196, 203
国連　66, 144, 186, 203, 206
国連海洋法条約　176, 198, 199, 202, 204〜207
コシェル　26, 32
コーシャー　32

コーチン　34, 35
国家　28, 46, 52, 86, 87, 95, 104, 112, 114, 118, 120, 121, 125, 127, 132, 134, 135, 138〜141, 147, 149, 157, 162, 180, 186, 191
ゴッド（God）　14, 16, 17
ゴドレジ　97, 99
コバルト　202
コバルト・リッチ・クラスト　202
コーラン　16, 17, 19, 24, 38, 40
「コーランか，剣か」　38

●さ　行
サイゴン陥落　107
サウジアラビア　80, 112
サオシュヤント　57, 77〜79
搾取なき社会　83
ササン朝ペルシア帝国　25, 71, 74, 81, 84, 95, 100
サッスーン一族（沙遜家族）　72
サッスーン・ハウス（和平飯店）　72
サハリン（樺太）　161
ザラトゥシュトゥラ*　52
サラーラ港　112
サルゴン大王*　79
ザルドシュト*　52
産業革命　97
参勤交代制度　121
サンゴ　189, 198, 206, 208, 209
『三国通覧図説』　191, 194
三国同盟　164, 170
サンタクロース　93
（サンデイ・）コーファックス*　26, 31, 32
三博士　20, 21, 23, 25, 77

サンフランシスコ平和条約　167, 171, 178, 181, 187, 194
シーア派　44〜46, 138
ジェイコブ・シフ*　36
『ジェームズ国王版』　20
色丹　147, 159, 160, 167
十戒　14, 24, 33
実効支配　131, 175, 176, 178, 180, 188, 192, 193
自動車　98, 109
シナイ半島　14, 26, 28, 33
シナゴーグ　32, 34, 35
司馬遼太郎*　91, 100
ジブチ　112
資本家　82, 141
島根県　174, 177〜179
島根県議会　178, 181
島根県知事　177
シャー（国王）　173
ジャイナ教　101
釈迦*　58, 59, 60
邪視　44
ジャズ　117
シャットルアラブ川　124
シャバト　26, 28〜32
上海　41, 44, 72, 105
宗教　13, 15〜21, 23, 26, 27, 31, 33, 35, 36, 38〜41, 48, 51〜54, 58, 60〜63, 65, 69〜71, 81, 83, 85〜88, 91, 93, 95, 96, 97, 99, 102, 103, 121〜123, 135, 138
宗教対立　122
宗教紛争　122, 123, 135, 144
十字軍　17, 18, 24, 34, 46
終末論　51, 57, 77, 78, 82, 85
主権　148, 149, 167, 178, 192, 193

「出エジプト記」　27, 32
（シュロモー・）サンド*　36, 85〜87
巡礼　25, 40, 43, 112, 123
巡礼（ハッジ）　112
贖罪の日　32
（ジョージ・W・）ブッシュ*　18, 31, 49
（ジョー・）リーバーマン*　30, 31
新羅　100
新羅王朝　89, 178
シリア　69, 134
秦　59, 61
清　187, 191, 194
シンガポール　158
シンクレティズム　88, 93
信仰告白　43
神殿　28, 60, 61, 64, 70
新バビロニア王国　65, 74, 84
『新約聖書』　14, 17, 20, 21, 26, 84
水温　200, 209
水晶島　159
水流　200, 209
スウェーデン　127
枢軸国　164
スカボロー礁　117
スターリン*　165, 172
スタン　132
スターン　132
スパルタ　115
ズービン・メータ*　99
スペイン　18, 19, 118
スペイン人　120
スルタン　18, 19
スンニー派　44, 138
聖者　44
西太后*　191

聖地巡礼　112
聖典の民　19, 38
石炭　109
石油　60, 61, 108〜110, 112〜114, 124, 125, 127, 138, 142, 145, 150, 169, 186, 187, 190
石油備蓄　113, 114
セクター主義　131
接続水域　147, 151, 152, 200
セルバンテス文化センター　118
セルビア人　135
善思・善言・善行　51, 61
尖閣諸島　103, 104, 109, 110, 117, 124, 125, 147, 148, 154, 157, 185〜197
潜水艦　200
「占星術の学者」　22
先占　131, 187, 188, 191
選民思想　26
ソグド語　82
ソグド人　89
ソフト・パワー　117, 119
ソマリア　111
ソ連　130, 135, 136, 141, 147, 157, 160, 162〜172, 181
ゾロアスター教　13, 20〜23, 25, 51〜54, 57〜62, 64, 65, 67, 71, 77〜79, 81, 84, 88, 89, 91〜97, 99〜102
ソロモン*　28, 60
ソロモン王*　80, 81

●た　行
第一次世界大戦　37, 116, 134, 140
第一次石油危機　113
第一神殿　28, 35, 80
第一項　204, 205

大英博物館　66, 69
大韓民国（韓国）　179, 181
大洪水　79
第三項　204
『大唐西域記』　88, 100
第二項　204
第二次世界大戦　54, 61, 107, 116, 140, 141, 143, 147, 162, 164, 166, 169, 170, 172, 181, 194, 206
第二次石油危機　113
第二神殿　28, 35, 70, 74, 84
大日本恵登呂府　161
第121条　204, 205
太陽信仰　93
大陸棚　152, 192, 198, 202〜204, 206, 208
竹島　103, 124, 147, 156, 157, 171, 174〜183, 192, 194, 195
「竹島の日」　178, 181
タジキスタン　132
タジク　132
タタ　97〜99
谷譲次*　37
ダビデ王　28
拿捕　163
ダマンスキー（珍宝）島　145
多聞天　94
タラ　125, 149, 159
タラ戦争　125, 149
ダリウス大王*　67
ダレス国務長官*　167
丹下左膳*　36
断食　42, 43
地球温暖化　120, 205, 208
地形　200, 202, 208

千島海流　159
千島列島　141, 147, 162, 165〜167, 170, 172
チーズ・バーガー　32
父島　198, 200
チャーチル首相＊　165, 166, 172, 173
チャハルシャンベ・スーリ　91
チャールトン・ヘストン＊　14
中央アジア　52, 67, 88, 89, 92, 94
中央アジア的　94
『中央日報』　183
中華人民共和国　105, 108, 116, 190, 194, 195
中国　34, 38, 41, 58, 59, 61, 71, 82, 88, 89, 97, 103, 104, 106〜110, 112〜119, 124, 125, 127, 133, 140, 141, 145, 146, 148, 151, 156, 166, 170, 185〜197
中国海軍　112, 200
中国脅威論　117
中国共産党　105, 119
中国語　117, 118, 190
中国人　104, 120, 190, 193, 197, 208
中東　17〜19, 25, 29, 34, 48, 59, 67, 69〜71, 78, 79, 86, 103, 109, 110, 112〜114, 134, 135
中立条約　164〜166, 170, 172
朝鮮半島　88, 89, 91, 92, 99, 166, 175, 179〜181, 194
チリ　130, 131
チリ沖イースター島　155
ツァラトゥストラ＊　52
『ツァラトゥストラはかく語りき』　52
津軽藩　161
ツキジデスのワナ　103, 115
ディズニー・ランド　117

『テキサス無宿』　37
テクノロジー　120, 124〜127, 145, 148, 149, 180
デビアス　155
テヘラン　172, 173
デュランド・ライン　133
電気自動車　109
伝説　79, 84, 94
天然ガス　60, 109, 110, 112, 124, 125, 127, 128, 142, 145, 150, 151, 153, 154, 169, 186
ドイツ　52, 54, 83, 103, 107, 114, 116, 118, 126, 139〜141, 143, 144, 164〜166, 170
ドイツ語　52, 118
ドイツ人　120, 140, 141
ドイツ帝国　140
唐　38, 82, 88, 99
統一ドイツ　107
統一ベトナム　107
東京宣言　168, 171
東京都小笠原村沖ノ鳥島　204
東大寺　91, 100
東南アジア　107
独島　174, 178, 179, 181〜184
鳥取県米子市　177
トナカイ　94
豊原　162
トルコ　44, 67, 134, 137, 138, 142
トルコマン　138
トルーマン大統領＊　166
ドン・キホーテ＊　118

●な　行
長崎　55, 61, 171

南極　126, 129〜131
南極条約　130, 131
南極点　129, 131
南西諸島　187
南部藩　161
2月22日　178
二元論　51, 54, 57, 77〜79, 82, 85
西インド洋　111
ニーチェ*　52
日露戦争　36, 162, 170, 179, 181, 194, 195
日韓漁業条約　175
日韓国交正常化　174
日韓併合　174
ニッケル　202
日清戦争　104, 116, 174, 191, 194, 195
日ソ共同宣言　167, 168, 171
日中国交正常化　185
日中戦争　104, 116
日中友好平和条約　185
二島返還論　159
日本　13, 17, 19, 23, 30, 32, 36〜38, 41, 52, 63, 78, 88, 89, 92〜94, 97, 101, 102〜105, 107〜118, 121, 124, 125, 127〜130, 140, 141, 144, 147, 148, 150〜154, 156, 157, 159〜201, 203〜209
日本海流　159
日本人　14, 17, 36, 37, 47, 120, 121, 128, 160〜164, 166, 167, 173, 177, 187, 190, 193, 194, 196
日本列島　91, 92, 151, 153, 175, 180, 199
乳香　22, 77, 78
ニュージーランド　130, 131
ニューヨーク　20, 37, 41, 43, 66, 80
ネブカドネザル2世*　65, 74, 84

根室市　163
根室半島　159
ネルー*　97
ノアの箱舟　79
納沙布岬　159
ノーベル*　61
ノルウェー　125〜128, 130, 131, 144, 145
ノン・クレイマント　130

●は　行

排他的経済水域　128, 141, 142, 144, 147〜154, 156, 175, 176, 199〜204, 208
博士　20〜22
ハーグ　158
パシュトゥーニスタン　132, 133
パシュトゥーン人　132, 133
長谷川海太郎*　36, 37
パートナー　103, 113, 114
鳩山一郎首相*　167
鳩山由紀夫元首相*　167
バビロニア王国　69
バビロン　64〜66, 70, 71, 73〜76, 84
バビロン捕囚　28, 35, 64〜66, 74, 80, 84
パプア・ニューギニア沖　155
歯舞　147, 159, 160, 167
バーミヤン　88, 99
林子平*　191, 194
林不忘*　36, 37
パラデイソス　84
ハラーム　38, 42
ハラール　38, 42〜44
パリダイザ　83, 84
バルカン半島　135, 143
パールシー　88, 95〜99

パルチア　71, 74, 81, 84
パレスチナ　17, 25, 28, 39, 44, 70, 71, 81, 85〜87, 94, 122, 123, 129, 135, 143, 144
パレスチナ人　17, 85, 87
パレスチナ問題　122, 123, 129, 132, 144
バーレーン　158
バレンツ海　144, 145
パワー・バランスの変化　103, 104
東アジア　103, 104, 107, 108, 110, 114〜116
東ローマ帝国（ビザンチン帝国）　86
飛行禁止空域　137
毘沙門天　94, 95
火祭り　101, 102
ピュー研究所　43, 46, 47, 50
広島　55, 61, 170
ビング・クロスビー*　29
ファクト・タンク　50
フィリピン　117
フィンランド　127
フェロズ・ガンジー*　97
フォロー・ザ・サン　98
「服従」　15
フセイン政権　137
部族神　51, 57, 58
プーチン大統領*　168, 169, 171
仏教遺跡　88, 89
ブッシュ大統領*　18
仏壇　93
仏典　88
普遍神　51, 57, 58
プラチナ　202
フランス　38, 103, 114, 130, 131, 139, 140, 143, 144

フランス人　120, 121
プロシア　139, 140, 143
文明の衝突　49
ベツレヘム　20〜23, 25
ペニンシュラ・ホテル（半島酒店）　73
ヘブライ人　33
ヘレニズム　81
ヘロデ王*　21, 22
放送　117
北米カリフォルニア沖　155
保護国　179
北海　125, 126
北極　126〜128, 131
北極圏　120, 127, 144
北極航路　126
北極評議会　127, 128
ポツダム宣言　147, 166, 170, 181, 194
北方四島　147, 157, 159, 160, 161, 163, 166, 167, 168
北方領土　103, 124, 141, 147, 159, 160, 163, 164, 165, 171, 172, 192
ポーツマス条約　162
ポーランド　141, 164, 170
ポルトガル　18
ポルポト政権　107
ホロコースト　34, 54
「ホワイト・クリスマス」　29
ボンベイ　97, 101

●ま　行
マウリア朝　59, 61
Magi　20〜22
牧逸馬*　37
マグ　20
マケドニア　71

マスジェッデ・スレイマーン* 60
「マタイによる福音書」 20, 22, 77
松前藩 160, 161, 170
マハトマ・ガンジー* 97
マフディー 77〜79
間宮海峡 162
間宮林蔵* 162
魔除け 44
マレーシア 41, 158
マンガン 202
マンガン・クラスト 202
満州 140, 166, 167
「満蒙は日本の生命線」 140
「右手に剣，左手にコーラン」 19
「右手にコーラン，左手に剣」 19
ミッキー・マウス 117
ミトラ神 94
南樺太 161〜163, 167
南シナ海 117
ミホ・ミュージアム 89
宮崎市定 94
民主党（アメリカ） 30, 49
民主党（日本） 167
民主党政権（日本） 111
民族 39, 40, 58, 120〜122, 132〜135, 138, 143
民族自決 120
民族主義 39, 40, 120〜123, 127, 135, 139, 143, 148, 158, 169, 175, 180
民族浄化 40, 135, 163
明朝 190, 194
無主の地 178
無人の島 187
ムハンマド* 14〜17, 43, 70
ムンバイ 72, 97, 99, 101

メキシコ湾 125
メサイア 77, 78
メシア 77〜79
メソポタミア 59, 79
メタン・ガス 153
メタンハイドレート 151, 153
メッカ 40, 41, 43, 112
メディナ 41, 112
メドベージェフ大統領* 170, 171
「めりけんじゃっぷ」 37
蒙古 140
毛沢東* 118, 119
モーゼ* 14, 16, 17, 26, 33, 35, 79
没薬 22, 77, 78
森首相* 168

● や 行

ヤオヨロズの神 13
ヤズド 96
ヤルタ会談 165, 170, 172, 181, 194
唯一神 14〜17, 43
ユーゴスラビア 48, 132, 135, 136
ユジノサハリンスク 162
ユダヤ教 13〜20, 24, 26〜30, 32, 33, 35, 36, 38, 64, 65, 67, 70, 71, 77〜81, 83, 84, 86〜88, 99, 123, 135
ユダヤ教徒 13, 14, 16〜19, 26〜39, 64〜67, 70〜74, 80, 81, 83, 85〜87, 99, 122, 123, 135, 136
ユダヤ人 14, 21, 24, 29, 33, 34, 36, 49, 50, 54, 65, 72, 76, 79, 84, 85, 87
ユダヤ人迫害 26
ユーフラテス河 79
楊貴妃* 82
傭兵隊 89, 91

預言者　13〜17, 21, 43, 44, 70
ヨムキップール　32

● ら　行

ライバル　103, 113, 114, 115
ラクダ　94
ラビ　32, 83
離散　28, 85〜87
李承晩ライン　174〜176, 178, 181
立命館大学　118
リーマン投資銀行　36
琉球（沖縄）　190
領海　124, 125, 141, 142, 147〜154, 176, 200
領空　124
領水　124
領土　103, 104, 120〜124, 127, 130, 131, 135, 139〜141, 147, 148, 150, 151, 160, 162, 166, 167, 169〜171, 174, 175, 177〜180, 182, 183, 185, 187〜194
領土問題　40, 103, 104, 120〜124, 127, 129, 129, 130, 132〜135, 139, 140, 143, 144, 146〜148, 157〜160, 167〜172, 180, 181, 184, 188, 193, 196
ルーズベルト大統領＊　165, 172
レア・アース（希土類元素）　202
レコンキスタ　18, 46
連合国　165〜167, 172, 177
連合国最高司令部　179
労働者　83, 110
労働者階級　83
ロシア　29, 36, 86, 103, 127, 128, 130, 133, 141, 144〜147, 151, 159〜171, 192
ロシア人　120, 161, 162, 164, 169
ローマ帝国　28

● わ　行

倭寇　190

著者紹介

高橋　和夫（たかはし・かずお）

福岡県北九州市に生まれる
大阪外国語大学ペルシア語科卒業
コロンビア大学国際関係修士
クウェート大学客員研究員
放送大学教員などを経て，
2018年より先端技術安全保障研究所会長

〈ニュース〉　http://bylines.news.yahoo.co.jp/takahashikazuo/
〈ツイッター〉　http://twitter.com/kazuotakahashi
〈ブログ〉　http://ameblo.jp/t-kazuo，http://giest.or.jp
〈ユーチューブ〉　高橋和夫(国際政治学者)『今朝の思い』
　　　　　　　　https://www.youtube.com/channel/UC_hrS1_2UphGpix5y0T1lQQ
　　　　　　　　『高橋和夫＆小沢知裕ルーム』
　　　　　　　　https://www.youtube.com/channel/UCU2yjX9mSN_pTS6yQmJqIkg

主な著書　『ハジババの冒険（上下）』(平凡社東洋文庫，1984年)
　　　　　『アラブとイスラエル－パレスチナ問題の構図』
　　　　　　(講談社現代新書，1992年)
　　　　　『燃え上がる海－湾岸現代史』(東京大学出版会，1995年)
　　　　　『アメリカとパレスチナ問題－アフガニスタンの影で』
　　　　　　(角川ワンテーマ21，2001年)
　　　　　『異文化の交流と共存』(放送大学教育振興会，2009年)共著
　　　　　『なるほどそうだったのか!!パレスチナとイスラエル』
　　　　　　(幻冬舎，2010年)
　　　　　『一瞬で分かる世界と日本の領土問題』
　　　　　　(日本文芸社，2011年)共著
　　　　　『いま知りたい学びたい日本の領土と領海』
　　　　　　(日本文芸社，2012年)
　　　　　『イランとアメリカ』(朝日新聞新書，2013年)
　　　　　『イスラム国の野望』(幻冬舎，2015年)
　　　　　『中東から世界が崩れる』(NHK出版，2016年)
　　　　　『現代の国際政治』(放送大学教育振興会，2022年)

放送大学放送中
◎テレビ番組
　　　「現代の国際政治」「世界の中の日本外交」「中東の政治」
◎ネット科目「イランとアメリカ」

放送大学教材　1140043-1-1911（ラジオ）

改訂版　国際理解のために

発　行	2019 年 3 月 20 日　第 1 刷	
	2023 年 1 月 20 日　第 3 刷	
著　者	高橋和夫	
発行所	一般財団法人　放送大学教育振興会	
	〒105-0001　東京都港区虎ノ門 1-14-1　郵政福祉琴平ビル	
	電話　03（3502）2750	

市販用は放送大学教材と同じ内容です。定価はカバーに表示してあります。
落丁本・乱丁本はお取り替えいたします。

Printed in Japan　ISBN978-4-595-31944-0　C1331